Edição revista e ampliada

O Plano Astral

Seu Cenário, Habitantes e Fenômenos

Charles W. Leadbeater

O Plano Astral

Seu Cenário, Habitantes e Fenômenos

EDITORA
TEOSÓFICA

The Theosophical Publishing House
Adyar, Madras, 600 020, Índia
2ª ed., 15ª reimpressão, 2010.

Direitos Reservados à EDITORA TEOSÓFICA
SIG Quadra 6, Lote 1235
70.610-460 – Brasília-DF – Brasil Tel.: (61) 3322.7843
Fax: (61) 3226.3703
E-mail: editorateosofica@editorateosofica.com.br
Site: www.editorateosofica.com.br

L434   Leadbeater, C. W.

O plano astral / C. W. Leadbeater:
Tradução: Mário de Alemquer.
2ª. ed., Editora Teosófica, Brasília, 2022.

Tradução de: The astral plane
ISBN: 978-85-7922-101-9

1. Teosofia
II. Título

CDD 141.332

Revisão ampliada por: Joaquim Gervásio de Figueiredo e Ricardo Lindemann
Equipe de revisão do inglês: Edvaldo Batista, Ricardo Lindemann e Zeneida Cereja da Silva
Revisão do português: Zeneida Cereja da Silva
Diagramação: Ana Paula Cichelero - Fone (54) 99986-0371
Capa: Francisco Régis - Fone: (61) 9975-1047
Impressão: Gráfika Papel e Cores (61) 3344-3101
    E-mail: comercial@grafikapapelecores.com.br

Sumário

Prefácio de Annie Besant 7

Introdução de C. Jinarajadasa 9

Capítulo I

Apreciação Geral 21

Capítulo II

Cenário 33

As sete subdivisões – Graus de materialidade – Características da visão astral – A aura – O duplo etérico – Poder de ampliação de objetos minúsculos – A "*Summerland*" – Os arquivos da luz astral.

Capítulo III

Os Habitantes 49

i. Humanos. 1. Os Vivos. O Adepto e os seus discípulos. Indivíduos psiquicamente adiantados. A pessoa comum. O mago negro. 2. Os Mortos. Os *Nirmānakāyas*. Os Discípulos à espera da reencarnação. Os mortos comuns após a morte. A sombra. Os invólucros. Os invólucros vitalizados. Os suicidas e as vítimas de morte súbita. Os vampiros e os lobisomens. O mundo cinzento. Os magos negros depois da morte. (ii) Não humanos. A essência elemental. Os corpos astrais dos animais. Os espíritos da Natureza. Várias classes de espíritos da Natureza geralmente chamados *Devas*. *Kāmadeva*-s, *Rupadeva*-s, *Arupadevas*-s, *Devarāja*-s (iii) Artificiais. Elementais criados inconscientemente. Anjos Guardiões. Elementais criados conscientemente. Artificiais humanos. A Verdadeira origem do Espiritismo.

Capítulo IV

Fenômenos 137

Espectros no cemitério. Aparições de moribundos. Lugares assombrados. Espectros de família. Soar de campainhas, remessa de pedras, etc. Fadas. Comunicações por meio de entidades astrais. Recursos astrais. Clarividência. Previsão e segunda vista. Forças astrais. Correntes etéricas. Pressões etéricas. Energia latente. Vibração simpática. *Mantras*. Desintegração. Materialização. Por que a escuridão é necessária em uma sessão espírita. Fotografias de espíritos. Reduplicação. Precipitação: Cartas e fotos. Escrita em lousas. Levitação. Luzes de espíritos. Manejo do fogo. Transmutação. Repercussão.

Capítulo V

Conclusão 161

Posfácio da Editora 165

Prefácio de Annie Besant

Poucas palavras bastam para oferecer este livro ao mundo. Ele é o quinto de uma série de Manuais destinados a atender o público que necessita de uma exposição simples dos ensinamentos teosóficos. Alguns queixam-se que nossa literatura é muito difícil de compreender, muito técnica, e muito cara para o leitor ordinário, e então esperamos que esta série possa ser bem-sucedida em suprir o que é um desejo muito real.

A Teosofia é para todos, e não apenas para os eruditos. Talvez entre os que obtenham seu primeiro vislumbre a partir desta leitura, provavelmente poucos serão por eles guiados a penetrar mais profundamente em sua filosofia, sua ciência e sua religião, abordando os seus mais abstrusos problemas com o zelo do estudante e o ardor do neófito.

Todavia, esta obra não foi escrita apenas para o estudante sequioso, que nenhuma dificuldade inicial pode deter, mas também para as mulheres e os homens envoltos nos afazeres cotidianos do mundo. A todos procura explicar algumas das grandes verdades que tornam a vida mais agradável e a morte menos temível.

Escrita por um dos servos dos Mestres, que são os "irmãos Mais Velhos" de nossa raça, seu único escopo é servir a humanidade.

Annie Besant

Introdução de C. Jinarajadasa

Na extensa literatura sobre Teosofia, este livro se destaca por certas características especialmente marcadas. Procura descrever o Mundo Invisível da mesma maneira que um botânico descreveria algum novo território neste globo, não explorado por qualquer botânico anterior.

A maioria dos livros que tratam de Misticismo e Ocultismo se caracteriza pela falta de uma apresentação científica, tal qual se faz em todo departamento científico. Eles nos dão mais a significação das coisas do que descrições delas em si. Aqui o autor aborda o Mundo Invisível do ponto de vista da ciência.

Como tenho certa ligação com este livro, por eu ter sido quem o copiou para a impressão, posso descrever como veio a ser escrito, em 1894, quando C. W. Leadbeater era o secretário da Loja de Londres da Sociedade Teosófica, e o seu presidente, o Sr. A. P. Sinnett. A Loja não fazia propaganda pública nem realizava reuniões abertas; porém, três ou quatro vezes por ano se realizava uma reunião na residência do Sr. Sinnett, e cartões de convite eram enviados aos membros da Loja e a pessoas interessadas em Teosofia. O Sr. Sinnett desejava que o Sr. Leadbeater fizesse uma palestra na Loja.

Nosso autor escolheu como tema "O Plano Astral". Cabe citar aqui a descrição que ele próprio fez do seu treinamento em clarividência, que o habilitou a fazer uma investigação científica dos fenômenos do Plano Astral. Em seu livro *How Theosophy Came to Me* (*Como Me Veio a Teosofia*), ele descreve assim o seu treinamento:

Desenvolvimento Inesperado

Deve-se compreender que naquela época eu não possuía nenhuma faculdade clarividente, nem jamais me havia julgado ser um sensitivo. Lembro de estar convicto de que o homem devia *nascer* com alguns poderes psíquicos e um corpo sensitivo antes de poder tomar qualquer iniciativa nessa espécie de desenvolvimento. De sorte que nunca eu havia conjecturado que me fosse possível qualquer progresso desse tipo nesta encarnação, porém nutria a esperança de que se eu trabalhasse tão bem quanto soubesse nesta vida, eu poderia nascer na próxima com veículos mais adequados para essa linha particular de progresso.

No entanto, um dia, quando o Mestre Kuthumi me honrou com uma visita, Ele me perguntou se havia alguma vez tentado uma certa espécie de meditação relacionada com o desenvolvimento do misterioso poder chamado *Kundalinī*. Eu tinha ouvido, certamente, falar desse poder, mas muito pouco sabia a seu respeito, e de qualquer modo o supunha absolutamente fora do alcance para os ocidentais. Todavia, Ele me recomendou fazer alguns esforços em determinadas diretrizes (que me comprometi a não divulgar a ninguém mais a não ser com Sua autorização direta) e me disse que Ele vigiaria esses esforços para ver que nenhum perigo resultasse. Naturalmente aceitei a sugestão, e trabalhei firmemente, e posso dizer, intensamente, nessa espécie particular de meditação dia após dia. Tenho que admitir que foi um trabalho muito árduo e às vezes distintamente doloroso, mas é claro que eu perseverei, e, no devido tempo, comecei a obter os resultados que tinha sido levado a esperar. Certos canais precisavam ser abertos e certas partições eliminadas; foi-me dito que quarenta dias era uma boa estimativa da média do tempo requerido, se o esforço fosse realmente intenso e perseverante. Trabalhei nesse sentido durante quarenta e dois dias, e a mim me parecia estar à beira da vitória final, quando o próprio Mestre interveio e executou o ato final de ruptura, que completou o processo e me capacitou daí em diante a usar a visão astral ao mesmo tempo em que mantinha plena consciência no corpo físico – Isto equivale a dizer que a consciência astral e a memória se tornaram contínuas, quer o corpo físico permanecesse acordado ou adormecido. Foi-me explicado que com meus próprios esforços eu mesmo teria conseguido a ruptura vinte e quatro horas mais tarde, porém que o Mestre interferiu porque Ele desejava empregar-me imediatamente num certo trabalho.

Treinamento Psíquico

Não obstante, não se deve supor nem por um momento que a obtenção deste poder particular fosse a finalidade do treinamento oculto. Ao contrário, apenas provou ser o início de um ano do mais árduo trabalho que jamais eu conhecera. Terá de se compreender que eu vivia ali no bangalô octogonal, junto à margem do rio, sozinho e durante longas horas todos os dias, e praticamente protegido de qualquer interrupção, exceto das horas de refeição. Diversos Mestres foram bastante magnânimos para visitar-me durante esse período e oferecer-me várias sugestões; mas foi o Mestre Djwal Kul que me proporcionou a maioria das instruções necessárias. Possivelmente Ele foi movido a este ato tão amável por causa de minha estreita associação com Ele em minha última existência, quando estudei sob sua orientação na escola pitagórica que ele fundou em Atenas, e que ainda tive a honra de dirigir depois de Sua morte. Não sei como agradecer-Lhe tão grande soma de cuidados e incômodos que assumiu em minha educação psíquica. Paciente e repetidamente Ele criava uma vívida forma-pensamento, e me perguntava: "Que está vendo você?" E quando eu a descrevia com toda a minha melhor habilidade, vinha repetidamente o comentário: "Não, não, você não está vendo certo; você não está vendo tudo; aprofunde-se mais, use a sua visão mental junto com a astral; force um pouco mais para adiante, um pouco mais alto."

Este processo tinha de ser amiúde repetido muitas vezes antes de meu mentor se dar por satisfeito. O discípulo tem de ser testado de todas as várias maneiras e sob todas as condições concebíveis; com efeito, pelo fim da instrução, espíritos da Natureza brincalhões são especialmente chamados e ordenados de todas as possíveis maneiras para que se esforcem por confundir ou desnortear o vidente. Inquestionavelmente é um trabalho duro, e a tensão que ele impõe é quase tão grande quanto a que um ser humano pode seguramente suportar; mas o resultado obtido é sem a menor dúvida mais do que compensador, pois leva diretamente à união do eu inferior com o Eu superior e produz uma imensa certeza de conhecimentos baseados na experiência que acontecimentos futuros jamais podem abalar.[1]

Na ocasião em que a conferência para a Loja de Londres estava sendo preparada, eu residia com o Sr. Leadbeater e frequentava cursos para exames. Era hábito do Bispo Leadbeater [para dar-lhe o título que ele passou a usar depois de sua consagração como Bispo da Igreja Católica Liberal em 1916], nunca jogar fora os envelopes em que recebia cartas. Abria-os nos lados e utilizava suas faces internas para escrever memorandos. Este hábito ele o conservou até o último ano de sua vida.

Depois de ministrar a conferência segundo as notas, em de novembro de 1894, sua tarefa seguinte foi escrevê-la para publicação, intitulando-a *Transaction, n.º 24* da Loja de Londres. Começou a escrever um pouco por vez, em retalhos de papel que eram os envelopes abertos. Meu trabalho então consistia em fazer a transcrição dos farrapos de papel para um velho diário de tamanho ofício. Por isso o manuscrito está feito em minha caligrafia. O trabalho de escrever levou de três a quatro semanas, pois ele se achava ocupado em vários tipos de atividades para a sua subsistência, e por isso só podia escrever em horas disponíveis.

---

[1] Em seu livro de contos, *The Perfume of Egypt (O Perfume do Egito)*, o autor faz a descrição de uma prova final em seu treinamento, no capítulo "A Test of Courage" (Um Teste de Coragem). C. J.

Quando as provas do impressor dos Anais da Loja de Londres vieram ao Bispo Leadbeater, o manuscrito [que estava em minha caligrafia] foi, por certo, devolvido pelo impressor. Como acontece quando o manuscrito retorna do impressor, esse manuscrito mostrava as marcas do compositor e do revisor, e a brancura límpida das páginas desapareceu no processo do manuscrito. Isso não teria importância, pois uma vez impresso o manuscrito, este é atirado na cesta de papéis usados.

Mas eis que aconteceu um desusual e inesperado incidente, que evidentemente aturdiu o Bispo Leadbeater. Uma manhã ele me informou que o Mestre K. H. lhe havia pedido o manuscrito, pois desejava depositá-lo no Museu de Arquivos da Grande Fraternidade Branca. O Mestre explicou que *O Plano Astral* era uma produção fora do comum e um marco na história intelectual da humanidade. Alegou que até então, mesmo numa civilização tão grande como a dos Atlantes, os sábios das escolas ocultas não haviam abordado os fatos da Natureza segundo o moderno ponto de vista científico, porém de um ângulo diferente. Os instrutores ocultos do passado haviam procurado mais o significado interno dos fatos, o que se poderia chamar o "lado vida" da Natureza, e menos o "lado da forma" da Natureza, tal como se caracteriza o método científico da atualidade. Conquanto até então os Adeptos houvessem reunido um vasto cabedal de conhecimentos provindos de civilizações passadas, concernentes aos mistérios da Natureza, tais conhecimentos haviam sido sintetizados não segundo uma detalhada análise científica, mas mediante reações da consciência ao "lado da vida". Por outro lado, pela primeira vez, entre os ocultistas, havia sido feita uma pormenorizada investigação do Plano Astral em conjunto, de maneira similar à que numa selva amazônica teria feito um botânico a fim de classificar suas árvores, plantas e arbustos para escrever uma história botânica.

Por esta razão o livro *O Plano Astral* foi definitivamente um marco, e o Mestre, como guarda dos Arquivos, desejou colocar no Grande Museu o escrito desse plano. Este Museu contém uma cuidadosa seleção de vários objetos de importância histórica para os Mestres e seus discípulos, em conexão com seus estudos superiores, e é especialmente um registro do progresso da humanidade em vários campos de atividade. O Museu contém, por exemplo, globos modelados para mostrar a configuração da Terra em várias épocas. Foi destes globos que o Bispo Leadbeater traçou os mapas que foram publicados em outra transação da Loja de Londres, o do livro *Atlantis* (*Atlântida*) de W. Scott-Elliot. Entre outros objetos significativos o Museu contém uma peça de Mercúrio sólido, que é um isótopo. Conserva vários textos antigos relativos a religiões extintas e atuais, bem como outros materiais úteis para uma compreensão da obra da "Vaga de Vida" neste globo, a nossa Terra.

A única ocasião que posso recordar-me em que se poderia descrever o Bispo Leadbeater como "agitado" foi quando recebeu do Mestre este pedido de seu livro, pois o manuscrito estava manchado – melhor se poderia descrevê-lo "sujo" – depois do manuseio do impressor. Não obstante, o pedido do

Mestre tinha de ser atendido. Surgiu então a questão de como transportar o manuscrito para o Tibete. Todavia, isso não o apoquentou, pois o Bispo Leadbeater possuía certos poderes ocultos que não revelou a outros, embora eu os tenha observado em diversas ocasiões. O manuscrito teve de ser transportado por desmaterialização, e ser rematerializado no Tibete.

Aconteceu ter eu uma fita de seda amarela de três polegadas de largura, e dobrando o manuscrito em quatro, enrolei-o com a fita, que estiquei para formar uma faixa. Eu me achava agitado, pois havia ali uma notável oportunidade para conseguir prova de um "fenômeno". Se o manuscrito fosse fechado numa caixa e a chave estivesse em meu poder todo o tempo, e depois se verificasse haver desaparecido o manuscrito, eu teria uma prova esplêndida para narrar.

Mas por estranho que pareça, entre os pertences do Bispo Leadbeater e meus daquela época, não tínhamos nada propriamente com fecho. Havia uma velha canastra coberta de couro, mas sua fechadura estava quebrada. Tínhamos ainda muitas maletas, mas todas com fechaduras defeituosas, e não havia absolutamente nada com fechadura aproveitável. Existia uma pequena caixa de madeira com uma carapaça de tartaruga embutida, que era uma caixa de trabalhos de sua mãe, mas sua chave se havia perdido há muito tempo.

Nada restava a fazer senão colocar o manuscrito dentro desta caixa e empilhar sobre ela um monte de livros, na falta de coisa melhor.[2] Na manhã seguinte, ao acordar, removendo

---

[2] No original: *faut de mieux*. (Nota Ed. Bras.)

a pilha de livros e olhando dentro da caixa de trabalhos, o manuscrito não estava mais ali. Meu pesar por perder a oportunidade de demonstrar um fenômeno não me consolou, ainda que tenham dito que eu mesmo havia levado astralmente o manuscrito ao Mestre.

Talvez seja interessante transcrever aqui o que escrevi algures deste tema e da impossibilidade de encontrar um exemplo da ação de faculdades superfísicas que a cética mentalidade científica pudesse considerar insofismável:

"Sempre que poderíamos ter dado um exemplo de prova, com referência a fatos ocultos, sem qualquer possível objeção, algo acontecia para frustrar a finalidade da prova. É bem sabido que, nos primórdios do Espiritismo,[3] muitos objetos raros foram transportados de pontos distantes, demonstrando que os espíritos podiam empregar poderes extraordinários. Mas em cada exemplo faltava um elo final na cadeia. De maneira semelhante, nos fenômenos produzidos pelos Adeptos em conexão com o trabalho de Madame Blavatsky em Simla, teria sido para Eles coisa facílima transportar de Londres para Simla o *Times* do dia, como certa vez foi sugerido. Mas em todos os casos de fenômenos havia a omissão, por inadvertência ou outra razão qualquer, de algum importante fato comprobatório. Quando indagamos dos Adeptos [*Mahatmas*] sobre este assunto, fomos informados que Eles propositalmente evitaram qualquer fenômeno que pudesse ser absolutamente "comprovado" em matéria de prova. Era Seu plano que, enquanto a humanidade estivesse no presente estágio, no qual falta a muitas mentalidades poderosas

---

[3] Tratava-se do Espiritismo norte-americano do século XIX, onde se deva ênfase aos fenômenos psíquicos. (Nota Ed. Bras.)

um adequado desenvolvimento moral, nenhuma oportunidade se dará a estas inteligências inescrupulosas para terem uma confiança *completa* na existência de poderes ocultos. Enquanto houver ceticismo nesta matéria, a humanidade estará protegida de ser explorada por inescrupulosos. Já sabemos quanto a humanidade tem sido explorada econômica e industrialmente pelas mentalidades egoístas que controlam os recursos da Natureza. Quão grande calamidade ocorreria se essas mesmas mentalidades pudessem também utilizar poderes ocultos para a exploração, não é difícil de conceber, mesmo a alguém dotado de pequena imaginação".

O Bispo Leadbeater encontrou a Dra. Annie Besant pela primeira vez em 1894. No ano seguinte ela o convidou e a mim para residirmos na Sede Central Teosófica de Londres, 19 *Avenue Road*, Parque dos Regentes, onde H.P.B. faleceu em 1891. Esta casa era sua, e daí o seu convite a nós. Deste período em diante começou uma muito estreita colaboração entre a Dra. Besant e o Bispo Leadbeater, a qual continuou ininterrupta até o fim de suas vidas. Em 1892 ela iniciou uma série chamada "Manuais Teosóficos", consistindo de pequenos livros sumariando ensinamentos teosóficos sobre vários assuntos. Os quatro primeiros, respectivamente, *Seven Principles of Man (Sete Princípios do Homem); Reincarnation (Reencarnação); Karma; Death – And After?* (Morte – *E Depois?)* haviam sido editados quando ela solicitou permissão do Bispo Leadbeater para publicar os Anais da Loja de Londres como um livro da série, o qual apareceu oportunamente como o Livro n° 5.

Foi em 1895 que ambos fizeram em conjunto investigações sobre a estrutura do Hidrogênio, Oxigênio e Nitrogênio (e um quarto elemento batizado por nós "Occultum", ainda não descoberto). Nesse mesmo ano ambos fizeram extensas investigações da estrutura, condições e habitantes dos Planos Mentais inferior e superior. Tomando por modelo a obra feita pelo Bispo Leadbeater quando investigou o Plano Astral, a Dra. Besant e ele examinaram exemplos e mais exemplos de Egos[4] em *Devachan*, naquele período de sua existência depois da morte no estado de felicidade chamado o Mundo Celeste. Como antes, foi o Bispo Leadbeater quem escreveu as investigações, pois a Dra. Besant tinha muitas ocupações; esta foi a origem do Livro Teosófico n.° 6, *The Devachanic Plane (O Plano Devachânico)*.

Estas duas obras, *O Plano Astral* e *O Plano Devachânico*, ou Mental, reúnem uma investigação, de maneira tão objetiva e científica quanto a Dra. Besant e o Bispo Leadbeater puderam fazer, e o resultado é uma soma muito preciosa de fatos concernentes ao mundo invisível. Uma acurada análise e estudo destes fatos por qualquer estudante ardoroso, dotado de uma mente imparcial e sem preconceitos, não podem deixar de lhe proporcionar o sentimento de que, embora possa

---

[4] Ego aqui se refere ao Ego superior ou Eu superior. Tríade superior ou alma imortal que reencarna e evolui, conquista que caracteriza o estágio evolutivo humano, distinguindo-o dos animais, cuja alma é grupal (Vide LEADBEATER, *A Gnose Cristã*, Ed. Teosófica). Não se deve confundir com o ego da psicologia moderna, que, em contraposição, refere-se à personalidade mortal, quaternário inferior ou corpo, conforme o denominava São Paulo, que ainda o subdividia em corpo natural (abrangendo o corpo físico e o corpo etérico), às vezes também chamado confusamente de espiritual, mas que abrange o corpo astral ou emocional, e o corpo mental – *Coríntios* 15:44. Também não confundir com o espírito ou mônada, a centelha divina, que é eterna e perfeita, porque está fora da dimensão evolutiva do tempo. (Nota Ed. Bras.)

ser incapaz de crer nas exposições feitas, há, no entanto, uma característica acerca deles. É que parecem ser descrições de objetos e acontecimentos vistos *objetivamente*, como que por meio de um microscópio ou telescópio, e não *subjetivamente*, como é o caso de um novelista contando os incidentes de uma vívida história.

Esta é, em resumo, a história da escrita deste pequeno mas precioso manual, *O Plano Astral*.

C. Jinarajadasa

Capítulo I

Apreciação Geral

Todos nós, embora na maior parte não tenhamos dado por isso, vivemos no seio de um vasto, invisível e populoso mundo. Quando dormimos ou quando no estado de transe, os nossos sentidos físicos entram momentaneamente num estado de inação, podemos até certo ponto ter a consciência desse mundo e muitas vezes acontece trazermos, ao despertar, recordações mais ou menos vagas, do que lá vimos e ouvimos. Quando, por ocasião dessa transição a que chamamos morte, o homem se despoja totalmente do corpo físico, é nesse mundo invisível que ele ingressa e lá fica vivendo durante os longos séculos que medeiam entre as suas encarnações nesta existência terrestre. A maior parte destes longos períodos, a sua quase totalidade mesmo, é passada no mundo-céu [ou *Devachan*], ao qual é devotado o 6º desses manuais. O presente trabalho é dedicado à parte inferior desse mundo invisível, ao estado em que o homem ingressa imediatamente após a morte – o Hades ou mundo inferior dos gregos, o purgatório ou etapa intermédia dos cristãos, e que os alquimistas da Idade Média chamavam "Plano Astral".

O objeto deste livro é colher e tornar compreensíveis todos os elementos referentes a essa interessantíssima região, elementos que se acham disseminados por toda a literatura teosófica, e ao mesmo tempo juntar-lhes casos novos, recentemente chegados ao nosso conhecimento. Quanto a estes, visto que são apenas resultados da investigação de alguns estudiosos, é claro que os apresentamos como tais, sem que exijamos que os considerem como afirmações categóricas e da maior autoridade.

Por outro lado, tomamos todas as precauções em nosso poder para garantir a sua exatidão, por isso houve o cuidado de apenas se admitirem neste livro os fatos observados e comprovados por, ao menos, dois de nossos observadores mais peritos e treinados, e além disso confirmados por investigadores mais antigos, de experiência evidentemente maior do que a nossa. Nestas condições, é de se esperar que a presente descrição do Plano Astral, embora necessariamente incompleta, possa, dentro dos limites que lhe impusemos, inspirar absoluta confiança aos nossos leitores.

A primeira ideia a fixar nessa descrição é a absoluta *realidade* do Plano Astral. Mas, é claro, quando falo de realidade, não parto do ponto de vista metafísico que diz nada haver de real, porque tudo é transitório, a não ser o Absoluto não manifestado. A palavra é empregada no seu sentido comum, de todos os dias, e quer significar que os objetos e habitantes do mundo astral são reais, precisamente como os nossos corpos, a nossa mobília, as nossas casas e monumentos – tão reais como qualquer lugar que estamos habituados a ver e a frequentar diariamente: Charing Cross, por exemplo, para nos servirmos da expressiva comparação de uma das obras teosóficas mais antigas. Tudo o que existe nesse plano não dura, naturalmente, mais do que os objetos do Plano Físico, mas, precisamente como estes, não deixa de ser uma realidade cuja existência não temos o direito de ignorar, simplesmente pelo fato de a grande maioria da humanidade não ter por enquanto consciência dela, ou, quando muito, apenas a pressentir vagamente.

Sei como é difícil para nós apreendermos a realidade daquilo que não conseguimos ver com nossos olhos físicos. É difícil para nós entendermos como a nossa visão é parcial – entendermos que estamos o tempo todo vivendo num mundo vasto, do qual vemos apenas uma pequenina parte. Contudo, a ciência nos diz com plena certeza que isso está correto, pois descreve para nós mundos inteiros de vida minúscula cuja existência ignoramos completamente no que diz respeito aos nossos sentidos. Também as criaturas desses mundos não são sem importância porque são minúsculos, pois do conhecimento dos hábitos e das condições de alguns desses micróbios depende nossa habilidade para preservarmos a saúde, e em muitos casos a própria vida.

Em outra direção os nossos sentidos também são limitados. Não conseguimos ver o próprio ar que nos cerca; nossos sentidos não nos dão qualquer indicação de sua existência, apenas quando o ar está em movimento, tornamo-nos perceptivos dele pelo tato. Contudo, nele existe uma força que pode destruir nossos navios mais poderosos e pôr abaixo nossos prédios mais fortes. É claro que à nossa volta existem forças poderosas que ainda iludem os nossos pobres e parciais sentidos; assim, obviamente devemos tomar cuidado para não cairmos no erro fatalmente comum de supor que aquilo que vemos é o que existe para se ver. Estamos, por assim dizer, trancados numa torre, e os nossos sentidos são pequeninas janelas que se abrem em certas direções. Em muitas outras direções estamos totalmente isolados, mas a clarividência ou a visão astral abre para nós uma ou duas janelas adicionais, aumentando assim a nossa perspectiva, e colocando perante nós um mundo novo e mais amplo, que ainda é parte do mundo velho, embora não o conhecêssemos antes.

Ninguém pode ter uma compreensão nítida das doutrinas da Religião-Sabedoria, se não souber e não compreender conscientemente que no nosso Sistema Solar existem planos perfeitamente definidos, cada um formado pela sua matéria de diferentes graus de densidade, e que alguns desses planos estão abertos à visita e à observação dos que conseguiram obter os requisitos necessários para isso, exatamente como qualquer país estrangeiro está ao alcance do turista. E ainda que, da observação comparada dos que trabalham nesses planos, se podem inferir provas suficientes da sua existência e da sua natureza, provas em nada menos concludentes do que as subsistentes para provar a existência da Groenlândia ou Spitzberg. E assim como qualquer um pode, se quiser, dar-se a esse trabalho e tiver para isso os meios necessários, conhecer pessoalmente a Groenlândia ou Spitzberg, assim também qualquer investigador, se quiser dar-se ao trabalho de adquirir, levando uma certa vida, os requisitos necessários, pode conhecer pessoalmente os planos superiores em questão.

Estes se chamam, por ordem decrescente de densidade da matéria que os forma, respectivamente, físico, astral, mental, *búddhico* e *nirvānico*. Acima destes há ainda dois, mas tão além das nossas atuais faculdades de percepção que, por enquanto, não nos ocuparemos deles. Deve ser entendido que a matéria de cada um destes planos é diferente daquela do plano abaixo, da mesma maneira que – ainda que num grau muito maior – o vapor é diferente da matéria sólida. De fato, os estados de matéria que nós chamamos de sólido, líquido e gasoso, são meramente as três subdivisões inferiores da matéria pertencente a esse Plano Físico.

A região astral, que vou tentar descrever, forma o segundo destes grandes planos da Natureza – o imediatamente superior (ou interior) a este mundo físico, tão conhecido de nós todos, e onde vivemos. Tem sido chamado "o reino da ilusão", não porque em si seja mais ilusório do que o mundo físico, mas porque as impressões que dele trazem os observadores pouco treinados são extremamente vagas e impalpáveis.

Mas por que é assim? Isso ocorre principalmente devido a duas notáveis características do mundo astral – primeiro os seus habitantes têm o poder maravilhoso de mudar constantemente de forma com uma enorme rapidez, e de exercer, por assim dizer, uma espécie de magia ocasional sobre aqueles à custa de quem se querem divertir; e em segundo lugar, a faculdade de ver nesse plano é muito diferente da faculdade visual que nos é dada no Plano Físico. É, além disso, extraordinariamente mais desenvolvida, pois um objeto é, por assim dizer, visto por todos os lados ao mesmo tempo. Olhando para um sólido com a visão astral, o olhar abrange não só o exterior, mas o interior do corpo; compreende-se, portanto, que seja extremamente difícil para um observador com pouca prática ter compreensão nítida do que vê, extrair da imagem confusa, que pela primeira vez se lhe apresenta à vista, a noção verdadeira do seu significado, e, acima de tudo, é lhe quase impossível traduzir o que realmente vê, servindo-se da pobre linguagem de que usa diariamente.

Um bom exemplo do gênero de erro que se comete com frequência é a troca dos algarismos de um número visto à luz astral: 139 em vez de 931, por exemplo. É claro que um estudante de Ocultismo, treinado por um Mestre capaz, não cometerá nunca um erro tão grosseiro, a não ser por uma questão de precipitação ou falta de cuidado, visto que os discípulos seguem um longo e variado curso onde aprendem a ver com precisão na luz astral. O Mestre, por vezes um discípulo já mais adiantado, tem o cuidado de apresentar constantemente todas as formas de ilusão possíveis, acompanhadas da pergunta – o que você vê? –, corrigindo todos os erros nas respostas, explicando as razões dos enganos, até que o neófito adquira gradualmente uma certa confiança em si mesmo e passe a haver-se corretamente com os fenômenos do Plano Astral, com uma certeza infinitamente superior à que é possível ter-se na vida física.

Mas não se trata só de aprender a ver corretamente; é necessário também aprender a transladar o que vê, de um plano para outro. Para isso, treina-se cuidadosamente em transportar a sua consciência do Plano Físico para o Astral ou Mental, e vice-versa, para evitar que, antes da aquisição desta faculdade, as suas reminiscências se percam ou se adulterem no hiato que separa a fixação de sua consciência nos vários planos. Adquirido este poder de deslocamento e fixação da consciência, o discípulo pode servir-se de todas as faculdades astrais, não só quando mergulhado no sono, ou em transe, mas ainda quando se ache perfeitamente acordado e no meio da sua vida física normal.

Há, entre os teósofos, quem tenha falado com certo desprezo do Plano Astral, considerando-o menos digno de atenção; mas, a meu ver, laboram em erro. É evidente que aspiramos a vida do espírito, e que seria um verdadeiro desastre ficarmos satisfeitos com a obtenção da consciência astral, desistindo de um desenvolvimento mais elevado. Há, é certo, quem tenha um *karma* tal que, por assim dizer, é dispensado do Plano Astral, podendo logo de princípio começar pelo desenvolvimento das faculdades mentais mais elevadas. Mas não é esse o processo geralmente adotado pelos Mestres da Sabedoria com os discípulos. Sempre que é possível, este processo evidentemente é empregado, porque poupa trabalho e tempo, mas, em geral, o progresso aos saltos é-nos interdito pelas nossas faltas ou desatinos passados.

Devemos, portanto, contentar-nos em abrir o nosso caminho passo a passo, lentamente, e visto que é esse Plano Astral o imediatamente a seguir ao nosso mundo de matéria mais densa, é nele que devemos começar as nossas primeiras experiências superfísicas. E visto isso, é do maior interesse o seu conhecimento para os que começam estes estudos, tanto mais que é da maior importância uma compreensão clara dos mistérios astrais, não só para se ter uma ideia racional acerca de muitos dos fenômenos das sessões espíritas, das casas mal-assombradas em que aparecem as chamadas almas do outro mundo, etc., que de outro modo seriam inexplicáveis, mas também para que com conhecimento de causa possamos nos precaver contra certos perigos possíveis.

A primeira introdução consciente nesta região notável vem aos homens por várias maneiras. Alguns sentiram uma vez, unicamente na sua vida, alguma influência incomum, que lhes comunicou o grau de sensibilidade suficiente para reconhecerem a presença de um dos seus habitantes; mas como a experiência não se repetiu, vem um dia em que se convencem de que foram apenas vítimas de uma alucinação. Outros têm a impressão de que em certos momentos, cada vez mais frequentes, podem ver e ouvir coisas para as quais os que os cercam são cegos e surdos, e outros ainda – é talvez este o caso mais comum – começam a recordar-se, com uma nitidez sucessivamente maior, do que viram e ouviram nesse plano, durante o sono.

Deve-se entender que o poder da percepção objetiva sobre todos os planos sem dúvida está latente em cada homem, mas para a maioria de nós será uma questão de evolução longa e lenta antes que nossas consciências consigam funcionar plenamente nesses veículos superiores. Com relação ao corpo astral, a questão é, porém, um tanto diferente, pois no caso de todas as pessoas cultas pertencentes às raças mais avançadas do mundo, a consciência já é perfeitamente capaz não apenas de responder a todas as vibrações que lhes são comunicadas através da matéria astral, mas também de usar o corpo astral definitivamente como veículo e instrumento.

A maioria de nós, então, está perceptiva no Plano Astral durante o sono do corpo físico, contudo, geralmente muito pouco despertos para o plano, e consequentemente estamos conscientes de nosso ambiente lá apenas vagamente, se é que estamos. Ainda estamos envolvidos nos nossos pensamentos de vigília e nos nossos afazeres no Plano Físico, e mal prestamos atenção ao mundo de vida intensamente ativa que nos cerca. Nosso primeiro passo, então, é livrar-nos desse hábito mental e aprendermos a ver esse novo e belo mundo, para que possamos trabalhar nele de forma inteligente.

Mesmo quando isso é conseguido, não necessariamente quer dizer que conseguiremos trazer para nossa consciência de vigília qualquer lembrança dessas experiências astrais. Mas essa questão da lembrança do Plano Físico é uma questão inteiramente diferente, e não afeta de forma alguma nosso poder de fazer um excelente trabalho astral.

A visão astral pode obter-se por vários processos, e entre eles, o muito conhecido de fixar longamente um cristal. É este um dos processos seguidos por muitos que se dedicam isoladamente a estes estudos. Mas os que possuem a inigualável vantagem da direção de um Mestre experimentado, são geralmente transportados a esse plano pela primeira vez, graças à Sua proteção especial que se manifestará até que um certo número de provas convençam o Mestre de que o discípulo está em condições de seguir desacompanhado, isto é, está à prova dos perigos ou terrores que com toda a probabilidade encontrará no seu caminho. Mas seja como for, não resta a menor dúvida de que o primeiro momento em que um homem adquire a consciência, clara e indubitável, de que vive no meio de um vasto mundo repleto de vida exuberante, que a maior parte dos seus semelhantes não pressente, deve marcar na sua existência uma época memorável e de grande influência do seu futuro.

Tão exuberante e tão variada é esta vida do Plano Astral, que a princípio o neófito se sente perante ela absolutamente estupefato, não sabendo por onde começar o seu estudo. E mesmo para o investigador com maior prática, é extremamente difícil o trabalho da sua classificação e catalogação. Se a um explorador de qualquer região tropical desconhecida fosse exigida não só uma descrição completa da região explorada, com todos os detalhes rigorosos acerca de suas produções minerais e vegetais, mas ainda por cima se lhe exigisse um tratado dos gêneros e espécies de cada uma das miríades de insetos, aves, mamíferos e répteis característicos da região, ele decerto recuaria apavorado perante a magnitude de tal empresa.

Pois bem: esse trabalho seria apenas um pálido reflexo dos embaraços que esperam o investigador psíquico, porque a natureza dos assuntos a estudar é muitíssimo mais complicada, primeiramente pela dificuldade de transportar com exatidão do Plano Astral para o nosso a memória do que viu, e em segundo lugar, pela impropriedade da linguagem comum para a expressão do que se tem de relatar.

Todavia, assim como o explorador no Plano Físico começaria provavelmente a descrição de uma região por uma espécie de descrição geral do cenário e respectivas características, também nós, ao empreendermos tornar conhecido o Plano Astral, começaremos este ligeiro esboço por tentar dar uma ideia do cenário que forma o fundo das suas atividades maravilhosas e sempre diferentes. Mas, logo no começo, surge-nos uma dificuldade quase insuperável, derivada da extrema complexidade do assunto. Todos aqueles que admiram o poder de ver claramente no Plano Astral são unânimes em reconhecer que a tentativa de evocação de uma pintura cheia de vida desse cenário, perante olhos inexperientes, equivale a querer fazer admirar a um cego, por uma simples descrição oral, a requintada variedade dos matizes de um pôr de sol; – por mais expressiva, mais detalhada e mais fiel que seja a descrição, nunca se pode obter a certeza de que no espírito do cego se represente com clareza a verdade.

Capítulo II

Cenário

Antes de mais nada, é preciso não esquecer que o Plano Astral tem sete subdivisões, e cada uma destas tem um grau de materialidade que lhe é próprio e corresponde a um certo estado de agregação de matéria. Embora, por causa da pobreza da nossa linguagem, sejamos forçados a chamar a esses subplanos "superiores e inferiores", não se julgue que esses subplanos (de fato, dos planos maiores dos quais estes subplanos são apenas subdivisões) são localidades separadas no espaço, uns por cima dos outros como as prateleiras de uma estante, ou uns exteriormente aos outros como as camadas de uma cebola. Deve-se ser entendido que a matéria de cada plano ou subplano interpenetra a matéria do imediatamente inferior, de modo que aqui à superfície da Terra existem todos no mesmo espaço, embora as variedades superiores de matéria se estendam para mais além da Terra física do que as inferiores.

Assim, quando se diz que um homem se eleva de um plano ou subplano para outro, não queremos de modo nenhum dizer que haja uma mudança de lugar no espaço, mas, sim, uma transferência do foco da consciência de um nível para o outro. O homem vai-se tornando, por assim dizer, insensível às vibrações de uma ordem de matéria e adquirindo uma sensibilidade crescente para as de uma ordem mais elevada e refinada. Desta forma, o primeiro mundo vai-se desvanecendo pouco a pouco da consciência, com os seus habitantes e paisagens, dando lugar a outro de ordem mais elevada, que vai tornando-se sucessivamente mais nítido.

No entanto, há um ponto de vista segundo o qual há certa justificação para o uso dos termos "superiores" e "inferiores", e a comparação dos planos e subplanos a camadas concêntricas. A matéria de todos os subplanos tem de encontrar-se aqui na superfície da Terra, porém o Plano Astral é muito maior do que o Plano Físico, e estende-se alguns milhares de quilômetros acima da sua superfície. A lei de gravitação opera na matéria astral, e se fosse possível deixá-la inteiramente imperturbada, provavelmente ela se estabeleceria em camadas concêntricas. Mas a Terra está em movimento perpétuo, tanto de rotação como de translação, e todas as espécies de influências e forças estão em contínua precipitação; assim, esta condição de repouso ideal jamais é alcançada, e há muita mistura. Todavia, é certo que quanto mais ascendemos tanto menos matéria densa encontramos.

Temos uma boa analogia no Plano Físico. Terra, água e ar – o sólido, o líquido e o gasoso – todos existem na superfície, porém, amplamente falando, é exato dizer-se que a matéria sólida na base, a líquida logo acima dela, e a gasosa acima de ambas. A água e o ar interpenetram a terra numa pequena extensão; a água também se ergue no ar sob a forma de nuvens, mas apenas até uma altura limitada; a matéria sólida pode ser arremessada ao ar por violentas convulsões, como na grande erupção da ilha de Cracatoa, Indonésia, em 1883, quando a lava vulcânica atingiu a altura de dezessete milhas, e levou três dias para depositar-se de novo; mas deposita-se finalmente, tal como a água atraída para o ar por evaporação retorna a nós como chuva. Quanto mais alto nos elevamos, mais rarefeito se torna o ar, e a mesma verdade se aplica à matéria astral.

As dimensões de nosso mundo astral são consideráveis e podemos determiná-las com alguma aproximação de exatidão do fato de que nosso mundo astral toca o da lua no perigeu, porém não no apogeu; mas naturalmente o contato se confina ao mais elevado tipo de matéria astral.

Retornando à consideração destes subplanos e numerando-os desde o mais elevado e menos material para baixo, notamos que compreendem naturalmente três classes: as divisões 1, 2 e 3 formando uma dessas classes, e 4, 5 e 6 a outra, ao passo que a sétima e ínfima, permanece isoladamente [e constitui a terceira classe]. A diferença entre a matéria de uma destas classes e a imediatamente superior seria comensurável com a entre um sólido e um líquido, enquanto que a diferença entre a matéria das subdivisões de uma mesma classe se assemelharia à existente entre duas espécies de sólido, como, digamos, aço e areia. Abstraindo, por enquanto a divisão 7, podemos dizer que o fundo das divisões 4, 5 e 6 do Plano

Astral é formado por este Plano Físico em que vivemos, e por tudo o que lhe é acessório.

A vida na sexta divisão é em tudo semelhante à vida na Terra, com a diferença, é claro, de que não existe o corpo físico, e portanto, não se sentem as respectivas necessidades; enquanto que, à medida que ascende através da quinta e quarta divisões, a vida se torna sucessivamente menos material e menos dependente do nosso mundo inferior e seus interesses.

Portanto, o cenário das divisões inferiores é o da Terra, nossa conhecida; mas é ainda mais, porque, ao contemplá-lo com visão astral, todos os objetos, mesmo os objetos puramente físicos apresentam um aspecto um tanto quanto diferente. Como já se disse, os olhos astrais veem um objeto, não só sob um certo ponto de vista, mas por todos os lados ao mesmo tempo – uma ideia, que em si é bastante confusa. Se acrescentarmos, ainda, que todas as partículas existentes no interior de um corpo sólido se apresentam tão nitidamente visíveis como as da superfície, compreenderemos facilmente que mesmo os objetos que nos são mais familiares apresentem uma aparência que os torna inteiramente irreconhecíveis.

Contudo, refletindo um momento, veremos que esta visão está mais próxima da verdadeira percepção do que a visão física. Olhando no Plano Astral, por exemplo, as faces de um cubo de vidro parecerão perfeitamente iguais, como realmente o são, ao passo que no Plano Físico vemos a face mais afastada em perspectiva, e portanto, muito menor do que realmente o é, o que evidentemente não passa de uma ilusão do sentido visual. É esta característica da visão astral que concorreu para que este tipo de visão tenha sido chamado "visão na quarta dimensão" – expressão realmente muito sugestiva.

No entanto, ainda há mais causas de erro: assim, esta visão superior distingue formas de matéria às quais, ainda que permaneçam puramente físicas, são invisíveis em outras condições, como por exemplo, as partículas constituintes da atmosfera, todas as variadíssimas emanações que os corpos que têm vida constantemente irradiam de si, e ainda mais quatro graus de uma ordem de matéria bem mais rarefeita, a que, por falta de designação distintiva, chamaremos etéricas. Estas fornecem, por si, uma espécie de sistema, que interpenetra livremente toda a outra matéria física.

Bastaria a investigação da natureza das suas vibrações e a maneira como certas forças de ordem superior as afetam, para constituir um vasto campo de estudo cheio de interesse para qualquer homem de ciência dotado dos requisitos visuais necessários ao seu exame.

Todavia, mesmo que o pouco que se disse esteja perfeitamente compreendido, ainda assim, não se pode avaliar bem a complexidade do problema que temos tentado abordar. Porque, além destas formas novas da matéria física, há ainda outras subdivisões, muito mais numerosas e mais misteriosas, da matéria astral.

Em primeiro lugar, cada objeto material, cada partícula tem a sua contraparte astral. Esta contraparte, por vezes, não é um corpo simples; é um corpo extremamente complexo, constituído de várias espécies de matéria astral. Além disso, todos os seres vivos estão rodeados de uma atmosfera, que lhes é própria, comumente chamada "aura", que no caso do homem é um assunto de estudo extremamente fascinante.

Esta aura humana tem o aspecto de um oval de vapor luminoso, de uma estrutura altamente complexa, e da sua forma deriva o nome pelo qual geralmente é conhecida, de "ovo áurico".

Podemos dar aos leitores de Teosofia a boa notícia de que, mesmo nos primeiros estágios da sua aprendizagem, ao começar a adquirir a visão completa, o discípulo tem já a faculdade de se certificar diretamente da exatidão dos ensinamentos apresentados pela nossa fundadora, Madame Blavatsky, acerca de pelo menos alguns dos "sete princípios do homem". Ao contemplar um dos seus semelhantes, o discípulo vê mais do que a sua aparência exterior; envolvendo-lhe o corpo físico, vê claramente o duplo etérico, vê distintamente o fluido vital universal, denominado *prāna*, ser absorvido e especializado pelo corpo, circular livremente sob o aspecto de uma luz rósea, e irradiar perpendicularmente do corpo da pessoa, quando se trata de um indivíduo em bom estado de saúde.

Mas a aura mais brilhante e talvez mais fácil de distinguir, apesar de formada por matéria num grau ainda mais elevado de rarefação – a matéria astral – é a que exprime com os seus rápidos e sempre mutáveis relâmpagos de cor os diversos desejos que varrem a mente do ser humano, de momento a momento.

É isso o que forma o verdadeiro corpo astral. Atrás deste, e formado por um grau de matéria ainda mais sutil – a das formas do Plano Mental – está o corpo mental ou aura do eu inferior, cujas cores, mudando apenas gradualmente à medida que o homem vai vivendo a sua vida, mostram a linha geral do seu pensamento e a disposição e o caráter da sua personalidade. Ainda acima, muito mais elevada e incomparavelmente mais bela, onde atingiu o seu completo desenvolvimento, está a luz viva do corpo causal, veículo do Eu superior, que mostra o exato grau de desenvolvimento a que chegou o Ego verdadeiro, na sua passagem de nascimento em nascimento. Mas para ver estes corpos é necessário que o discípulo tenha desenvolvido a visão aos quais os corpos pertencem.

Isso evitará que o estudante tenha muitos problemas, se ele aprender de uma vez por todas a considerar essas auras não como simples emanações, mas como a real manifestação do Ego em seus respectivos planos – se ele compreender que o Ego é o verdadeiro homem e não os vários corpos que o representam nos planos inferiores. Enquanto o Ego reencarnante permanece no plano que é a sua verdadeira morada nos níveis "sem forma", ele habita no corpo causal – e este é o seu veículo – mas à medida que ele desce para os corpos "com forma", vê-se obrigado, para poder funcionar no novo plano, a revestir-se da matéria deste. E é a matéria que ele assim atrai a si que lhe fornece o corpo mental.

Analogamente, ao descer para o Plano Astral, reveste-se do corpo astral, ou corpo de desejos. Mas, é claro, os outros corpos superiores, de que se foi sucessivamente revestindo nas suas passagens de plano para plano, permanecem todos, até que em sua última descida para o Plano Físico, se reveste finalmente do corpo mais grosseiro, o nosso de carne e osso, que se forma no seio do ovo áurico. E assim temos o homem completo, encerrado no ovo áurico. Detalhes mais amplos a respeito das auras podem ser encontrados em *O Homem Visível e Invisível*. Mas o que eu disse basta para mostrar que todas as auras ocupam o mesmo espaço, as mais sutis penetrando as mais grosseiras, de modo que o neófito carece de muito estudo e de muita prática para as poder distinguir ao primeiro golpe de vista. No entanto, a aura humana, pelo menos em parte, é geralmente o primeiro objeto puramente astral percebido por aquele não treinado e, como é natural, suas indicações mal interpretadas e muito possivelmente incompreendidas.

Apesar de ser a aura astral, em virtude do brilho dos seus relâmpagos de cor, a que mais salta à vista, o éter do sistema nervoso e o duplo etérico são realmente formados de matéria mais densa, visto estarem dentro dos limites do Plano Físico, conquanto invisíveis aos olhos comuns. Se examinarmos, por meio da faculdade psíquica, o corpo de um recém-nascido, veremos que está interpenetrado, não só por matéria astral de todos os graus de densidade, mas também pelos diversos graus de matéria etérica. E se nos dispusermos a remontar até a origem, veremos que é deste último que os agentes dos Senhores do *Karma* formam o duplo etérico, que é o molde segundo o qual se organiza o corpo físico, ao passo que a matéria astral vai sendo recolhida automática e inconscientemente pelo Ego na sua passagem pelo Plano Astral.

Na composição do duplo etérico entram todos os diferentes graus da matéria etérica, mas é muito variável a proporção em que cada um entra, por ser função de vários fatores, tais como, a raça, a sub-raça, o tipo do indivíduo, além do *karma* que lhe é próprio. Se juntarmos a isso a consideração já sabida de que estas quatro subdivisões de matéria são constituídas por inúmeras combinações que, por sua vez, formam agregados constituintes do "átomo" do chamado "elemento" químico, poderemos avaliar a extrema complexidade deste segundo princípio do homem, a infinidade das suas variações possíveis. Compreende-se, pois, que por mais complexo que seja o *karma* de qualquer indivíduo, àqueles a cuja jurisdição pertencem essas funções é sempre possível fabricar um molde perfeitamente adaptável ao corpo a que se destina. Quem quiser mais ampla informação a este respeito poderá consultar a sugestiva obra de Annie Besant: *Karma*.

Ainda a respeito da aparência tomada pela matéria física quando vista à luz astral, há outro ponto que merece menção: é o fato de esta visão superior astral ter o poder de aumentar os objetos, levando qualquer partícula, por minúscula que seja, à grandeza que se deseje, tal qual um excelente microscópio, se nos é permitida tão grosseira comparação, pois na realidade não há nem poderá haver nenhum desses instrumentos capaz de possuir um poder de aumento tão extraordinário. A molécula e o átomo, criações hipotéticas para o homem de ciência, são para o ocultista realidades visíveis, e de uma complexidade intrínseca muito maior do que para os físicos e químicos do nosso mundo. É antes um vastíssimo campo de estudo do mais absorvente interesse, cuja análise mereceria um volume. Qualquer investigador científico que conseguisse adquirir uma visão astral perfeita, não só veria facilitarem-se-lhe enormemente as suas experiências sobre os fenômenos comuns, já conhecidos, mas veria diante de si um campo novo de conhecimentos para cujo estudo rigoroso não seria suficiente uma vida toda.

Por exemplo, uma das mais curiosas novidades que se lhe revelaria, seria a existência de mais cores, perfeitamente visíveis além daquelas que ele pode ver no espectro, como os raios infravermelhos e ultravioletas, que a ciência descobriu por meios indiretos e que para o ocultista dotado de visão astral são perfeitamente visíveis. Mas não nos deixemos fascinar por estes extraordinários atalhos e prossigamos em nosso objeto de dar uma ideia geral da aparência do Plano Astral.

A partir do que foi dito, compreende-se que, embora sejam realmente os objetos comuns do mundo físico que formam o fundo do cenário do Plano Astral, aparecem, contudo, com um aspecto tão diferente, pelo muito mais que deles se vê, que se nos tornam quase irreconhecíveis e julgamos estar em presença de objetos novos, tanto e tão profundamente modificados, na infinita variedade dos seus pormenores, nos aparecem os objetos nossos conhecidos.

Para melhor compreender a nossa afirmação, vejamos um exemplo, qualquer coisa de muito conhecida e de muito simples, seja uma rocha. A partir da visão astral treinada, essa rocha deixa de ser um corpo inerte e imóvel. Vê-se toda a matéria física da rocha e não apenas uma parte. Percebem-se todas as vibrações das partículas físicas que a formam. Verifica-se a existência de uma contraparte astral composta de vários graus de matéria astral, rigorosamente igual à física, cujas partículas estão igualmente em movimento; A Vida Divina Universal pode ser vista claramente atuando nela como atua em toda a criação, embora naturalmente suas manifestações sejam muito diferentes nos sucessivos estágios de sua descida na matéria, e, para efeito de conveniência, cada estágio tem seu próprio nome. Nós a reconhecemos a princípio nos três reinos elementais; quando penetra o reino mineral, nós a chamamos de mônada mineral; no reino vegetal, é descrita como mônada vegetal e assim por diante. Até onde sabemos, não existe algo como matéria "morta". Além disso uma aura será vista ao seu redor, embora muito menos extensa e variada do que no caso dos reinos superiores; e é possível ver seus habitantes elementais apropriados – embora devam ser mais apropriadamente descritos como gnomos, uma variedade de espíritos da Natureza. Este não é o lugar para tratar plenamente do tema da Vida Residente; mais explicações serão encontradas em *O Homem Visível e Invisível* e em outras obras teosóficas, veja também um capítulo posterior deste livro. No caso dos reinos vegetal, animal e humano as complicações são naturalmente muito mais numerosas.

Poderão alguns leitores objetar que nenhum desses fenômenos apareceu até agora descrito com esses pormenores de complexidade, pela maior parte dos investigadores que dizem ter tido algum vislumbre do mundo astral, nem nas sessões espíritas pelas entidades que lá se manifestam; mas podemos prontamente explicar isso. Poucas pessoas, vivas ou mortas, chegam a ver as coisas como elas são, a não ser depois de longa experiência. Mesmo as que já sabem ver, sentem-se muitas vezes perplexas e confusas, incapazes de compreender ou de recordar o que viram. E a pequeníssima maioria dos que não só veem, mas recordam, acha-se impotente para traduzir as suas impressões na linguagem do nosso plano inferior, tanto mais que a maior parte dos observadores esquece o lado científico da questão e pode, portanto, obter uma impressão meio correta, mas pode ser meio falsa ou mesmo completamente errônea.

Em abono desta última hipótese, basta tomar em consideração os "truques esportivos" que os habitantes do outro mundo têm gosto em pregar nas sessões espíritas, contra os quais os observadores destreinados em geral ficam absolutamente sem defesa. Além disso, não se deve esquecer que os habitantes regulares do Plano Astral apenas têm, em geral, consciência dos objetos do seu plano, passando-lhes despercebida a matéria física, precisamente como aos habitantes do mundo físico passa despercebida a matéria astral. Parece, à primeira vista, que esta distinção é supérflua, visto termos que cada objeto físico possui a sua contraparte astral que é visível ao habitante deste plano, mas não podemos deixar de fazê-la por ser uma parte essencial da concepção simétrica do assunto.

Se, contudo, uma entidade astral se serve constantemente de um médium, os seus sentidos astrais podem embotar-se gradualmente a ponto de se tornarem insensíveis aos graus mais elevados de matéria do seu próprio plano, e incluírem no seu domínio, em vez do mundo astral, o mundo físico tal qual nós o vemos. E no que diz respeito aos habitantes da Terra, apenas os muito treinados podem ter consciência absoluta e simultânea nos dois planos, com clareza e perfeição. Fique, pois, bem assente que essa espantosa complexidade existe realmente, e que só depois de muito bem compreendida e, por assim dizer, cientificamente desvendada, é que podemos ter uma garantia perfeita contra erros e ilusões.

O nosso mundo físico, pode dizer-se, forma o fundo da sétima subdivisão do Plano Astral – apesar de tudo que se vê formar apenas uma parte dele, – onde as coisas aparecem deformadas, visto que tudo que é luminoso, bom e belo, parece invisível. Há mais de 4000 anos descreveu-a assim, num papiro egípcio, o escriba Ani:

"*Que espécie de lugar* é este, em que me encontro, sem ar, sem água, profundo, insondável, negro como a morte mais negra, onde *erram miseravelmente os homens? Em tal lugar nenhum homem pode viver de coração tranquilo.*"

Para o desventurado ser humano nesse plano, é certo que "toda a terra está cheia de trevas e de moradas cruéis". Mas essas terras vêm do seu íntimo e são elas que lhes rodeiam a existência de uma noite perpétua de mal e de terror, – um verdadeiro inferno, realmente, mas um inferno, como todos os outros, única e simplesmente criado pelo próprio homem.

Eu não quero dizer com isso que o subplano é completamente imaginário – que não tem existência objetiva. Ele está parte na superfície da terra, e parte (talvez maior) abaixo desta superfície, interpenetrando a crosta sólida. Mas verdadeiramente quero dizer que nenhum homem que usualmente viva uma vida pura e decente precisa tocar essa região eminentemente indesejável, ou mesmo tornar-se consciente de sua existência. Se ele de fato entra em contato, isso se deve, entre outras coisas, à sua própria ação rude e malígna, à sua fala e pensamento maléficos.

A maior parte dos estudantes de Ocultismo considera a exploração desta região uma árdua tarefa, porque nela percebe-se como que uma sensação de densidade e de materialidade grosseira se torna imensamente repugnante ao corpo astral, que alcançou a libertação. Um corpo nessas condições tem a impressão de ter de abrir à força um caminho através de uma espécie de fluido, negro e viscoso, rodeado de habitantes e influências extremamente desagradáveis.

A primeira, segunda e terceira subdivisões, apesar de ocuparem o mesmo lugar no espaço, dão, contudo, a impressão de um maior afastamento do mundo físico e, portanto, parecem ter materialidade muito menor. As entidades que as habitam perdem de vista a Terra e as coisas terrestres; encontram-se, em geral, profundamente absorvidas em si mesmas, e criam, até certo ponto, o seu ambiente, ambiente que, contudo, é suficientemente objetivo para se dar a perceber às outras entidades e também à visão do clarividente. Esta região é sem dúvida a *"Summerland"*, de que tanto estamos habituados a ouvir falar nas sessões espíritas norte-americanas, e aqueles que de lá vêm e dela nos falam, decerto a descrevem com verdade, pelo menos, tanto quanto o seu conhecimento lhes permite.

É nestes planos que os "espíritos" chamam a uma existência temporária as suas casas, escolas e cidades. Temporária porque, se é certo que estas coisas aparecem por algum tempo com um caráter de realidade, quaisquer olhos mais habituados a ver, as achará sem dificuldade tristemente diferentes daquilo que os seus entusiásticos criadores julgam que o são. Contudo, muitas das criações fantasiosas que aí tomam forma são de uma beleza real, embora temporária, e um visitante que não conhecesse nada de superior passaria bastante agradavelmente o seu tempo vagueando pelas florestas e montanhas, lagos e aprazíveis jardins floridos, bem mais belos do que tudo o que existe no mundo físico. E poderia mesmo dar largas à sua fantasia, que ela própria faria desenrolar diante de si todas essas paisagens. Quando tratarmos em particular dos habitantes desses três subplanos superiores, entraremos nos detalhes relativos às diferenças existentes entre eles.

Para não deixar incompleta esta descrição, embora rápida, do cenário do Plano Astral, não podemos deixar de nos referir àquilo a que muitas vezes se tem chamado, embora erradamente, os Registros da Luz Astral. Estes registros, arquivos, ou memórias (que são afinal uma espécie de materialização da memória Divina – fotografias animadas de todos os acontecimentos passados) vão-se imprimindo indelevelmente num plano muito superior, de forma que é apenas de maneira instável, por assim dizer, espasmódica, que eles se refletem no Plano Astral. Daí resulta que apenas aqueles cujo poder de visão se eleve acima do correspondente a este plano é que podem obter uma impressão seguida e conexa desta espécie de filmes; os outros, pouco mais obterão que uma série de quadros ilógicos e desconexos. Todavia, estas imagens, que refletem todos os acontecimentos passados, seja qual for a sua espécie, são objeto de uma representação constante no Plano Astral, e nele formam uma parte importante do ambiente do explorador. No meu livro *Clarividência*[5], capítulo VII, encontra-se mais detalhadamente feito o estudo deste assunto, que por falta de espaço não posso desenvolver neste livro.

---

[5] Brasília: Editora Teosófica, 2013. (Nota Ed. Bras.)

Capítulo III

Os Habitantes

Vamos agora descrever os habitantes do Plano Astral. Não é fácil tarefa classificá-los e ordená-los, tão complexa é a sua variedade. Parece-nos melhor começar por dividi-los em três grandes categorias: os humanos, os não humanos e os artificiais.

i – Humanos

Os cidadãos humanos do mundo astral separam-se naturalmente em dois grupos: os vivos e os mortos, ou, falando com mais precisão, aqueles que ainda têm corpo físico e aqueles que já o abandonaram.

1 – Os Vivos

Podem contar-se quatro categorias de homens que se manifestam no Plano Astral, durante a vida física:

1º *O Adepto e os seus discípulos.* – Os membros desta categoria empregam geralmente, como veículo, não o corpo astral, mas o corpo mental[6], composto da matéria que forma

---

[6] Leadbeater, em sua obra *A Gnose Cristã* (Editora Teosófica, p. 46), considera que a mônada humana ou espírito se reveste de sete veículos ou

os quatro níveis inferiores, ou *rupa*, do plano imediatamente superior ao Astral. Este veículo tem a vantagem de permitir a passagem instantânea do Plano Mental para o Astral, e vice-versa, e o emprego, em qualquer momento, do poder maior e da agudeza de sentidos do Plano Mental.

Por natureza, o corpo mental não é visível à luz astral; por isso, o discípulo que opera nesse veículo tem de aprender a rodear-se de um véu temporário de matéria astral, quando se torne necessário, para maior eficácia da sua obra de auxílio aos habitantes do plano inferior, e estes o possam ver. Este corpo temporário (chamado de *māyāvirupa*) é a princípio formado geralmente pelo Mestre para o discípulo, até que este aprenda a formá-lo por si só, fácil e rapidamente. Embora seja uma reprodução exata da figura de quem o usa, esse veículo não contém a menor partícula da matéria do seu corpo astral; pode dizer-se que está para este como uma materialização está para o corpo físico.

Num estágio anterior de seu desenvolvimento, o discípulo pode ser encontrado utilizando o corpo astral como qualquer outra pessoa: mas qualquer que seja o veículo que ele esteja empregando, o homem que é apresentado ao Plano Astral, sob a orientação de um instrutor competente, tem sempre a

---

corpos, assim enumerados: (1) veículo espiritual ou *ātmico*, (2) veículo intuicional ou *búddhico*, (3) veículo mental superior ou causal, que constituem a tríade superior imortal reencarnante; e (4) veículo mental inferior ou corpo mental, (5) corpo emocional ou astral, (6) duplo etérico, (7) e o corpo físico, que constituem os quatro veículos inferiores ou quaternário mortal. (Nota Ed. Bras.)

possibilidade da plena consciência [neste plano], e é capaz de atuar com perfeita facilidade em todas os seus subplanos. É, de fato, ele mesmo, exatamente como os seus amigos o viram na Terra, *menos* os quatro princípios inferiores no primeiro caso, ou os três princípios inferiores no segundo, *mais* os poderes e as faculdades inerentes à sua mais elevada condição, o que o capacita a desempenhar com muito mais facilidade e eficiência o trabalho teosófico neste [Plano Astral] durante o sono, trabalho esse que ocupa tanto do seu pensamento durante as suas horas de vigília. Se ele lembrará plenamente e com acuidade no Plano Físico aquilo que ele fez ou aprendeu no Plano Astral, dependerá amplamente do quanto ele é capaz de trazer a sua consciência sem interrupção de um estado para o outro. É comum o investigador encontrar no Plano Astral ocultistas de todas as partes do mundo (pertencentes a Lojas sem ligação com os Mestres mais conhecidos dos teósofos), que geralmente buscam a verdade com uma convicção e um espírito de abnegação surpreendentes. É conveniente, porém, notar que todas essas Lojas conhecem pelo menos a existência da grande confraria do Himalaia e reconhecem que esta conta com os mais elevados Adeptos hoje conhecidos na Terra.

2º *Indivíduos psiquicamente adiantados que não estão sob a direção de um Mestre.* – Estes podem estar ou não desenvolvidos espiritualmente, pois adiantamento psíquico e adiantamento espiritual não andam necessariamente juntos. Os poderes psíquicos, que alguém traga ao nascer, são os resultados de esforços levados a cabo em uma encarnação precedente. Tais esforços podem ter sido nobres e altruístas, mas também podem ter sido cegos, mal dirigidos e até de caráter extremamente condenável.

Os indivíduos psiquicamente desenvolvidos são em geral perfeitamente conscientes fora do corpo físico, mas, por falta do necessário treino, estão sujeitos a enganos na apreciação do que veem. Por vezes poderão percorrer todas as subdivisões do Plano Astral, como os da classe precedente, mas muitos deles haverá que, sentindo-se atraídos por uma delas, raras vezes vão a qualquer outra onde a influência da primeira não se faça sentir.

As recordações do que viram podem, portanto, variar segundo o grau de desenvolvimento que adquiram, desde a mais perfeita nitidez até a mais completa deformação da verdade ou mesmo esquecimento completo. O seu veículo será sempre o corpo astral, visto não saberem funcionar no veículo mental.

3º *A pessoa comum.* – Ou seja, sem nenhum desenvolvimento psíquico – que flutua no seu corpo astral durante o sono, num estado mais ou menos inconsciente. No sono profundo do corpo físico, os princípios superiores que se encontram no veículo astral desligam-se invariavelmente dele e acolhem-se nas proximidades, apesar de, nas pessoas sem o menor desenvolvimento, se encontrarem num estado de sono tão profundo como o do corpo. Em alguns casos o veículo astral está num letargo menor e então flutua daqui para ali, semiadormecido, nas várias corrente astrais, reconhecendo por vezes outras pessoas que se acham no mesmo estado, passando por toda espécie de experiências, umas agradáveis, outras desagradáveis, cuja lembrança, necessariamente confusa e por vezes transformada numa grotesca caricatura do que realmente aconteceu, as fazem pensar, ao despertar, nos disparates do sonho que tiveram.

Todas as pessoas cultas, pertencentes às raças mais elevadas do globo, têm já hoje os sentidos astrais bastante desenvolvidos, de modo que, se estivessem suficientemente atentas para poder examinar as realidades que as cercam durante o sono, estariam em condições de as observar e de tirar delas proveitosas lições. Mas, na maior parte dos casos, eles não estão assim despertos, passam a maior parte de suas noites num tipo de estado introspectivo, ponderando profundamente sobre qualquer pensamento que possa ter predominado na sua mente quando eles adormeceram. Estes indivíduos têm as faculdades astrais, mas raramente se servem delas; estão evidentemente acordados no Plano Astral, mas não estão acordados para o que nele sucede e, portanto, a consciência que têm do meio onde se encontram é extremamente vaga, se é que têm alguma.

Quando um indivíduo nestas condições se torna discípulo de um dos Mestres da Sabedoria, começa geralmente por se sentir sacudido desse estado de sonolência e acorda então completamente para as realidades que o cercam no plano. Ocupado em aprender o muito que delas há para aprender, começa a operar no meio delas, de forma que as horas de sono deixam de ser horas vazias; antes, pelo contrário, estão repletas de trabalho ativo e útil, sem que essa atividade roube ao corpo físico, cansado da labuta do dia, o necessário e saudável repouso.

No caso de qualquer indivíduo comum, estes corpos astrais são muito vagos de forma e mal definidos nos seus contornos, mas à medida que vai ocorrendo um maior desenvolvimento do intelecto e da espiritualidade, o corpo astral vai-se definindo melhor e adquirindo maior semelhança com o corpo físico. Tem-se perguntado frequentemente como se compreende que se possa reconhecer o homem comum, quando revestido do corpo astral, visto este ter uma forma tão vaga, e a grande maioria da humanidade estar tão pouco desenvolvida. Tentando responder a esta pergunta, devemos não esquecer que aos olhos do clarividente o corpo físico humano aparece cercado pela aura – espécie de névoa, luminosa e colorida, aproximadamente ovoide, – que se estende a partir do contorno do corpo físico, cerca de meio metro em todas as direções. Todos os estudantes sabem que esta aura é extraordinariamente complexa e contém matéria de todos os diversos planos que presentemente podem fornecer ao homem veículos; mas, por enquanto, limitemo-nos a considerá-la tal qual ela apareceria a um observador possuidor apenas da visão astral.

Para um observador nestas condições, a aura não passaria de um corpo de matéria astral, e portanto, seria um objeto de estudo relativamente mais simples. Essa matéria astral, porém, não só rodeia o corpo físico, mas interpenetra-o, podendo verificar-se que está muito mais condensada dentro da periferia daquele do que na parte da aura que o circunda. É possível que este fato seja devido à atração da grande massa de matéria astral que aí se acumula como contraparte das células do corpo físico; mas, seja qual for a razão, é indubitável que a densidade da matéria que está dentro dos limites da física é muito maior do que a da que está fora deles.

Durante o sono, quando o corpo astral se desliga do físico, dá-se precisamente o mesmo, e qualquer indivíduo dotado de clarividência poderá verificar, também neste caso, a existência de uma forma semelhante ao corpo físico, circundada pela aura. Esta forma, porém, é constituída apenas por matéria astral; mas a diferença de densidade entre ela e a névoa que a envolve é suficientemente acentuada para que a possamos distinguir claramente, apesar de não passar de uma forma de nevoeiro mais denso.

Vejamos agora a aparência da aura no homem evoluído e no homem não evoluído. Mesmo neste, as características e a configuração da forma interna são sempre reconhecíveis, apesar de confusas e mal definidas; mas o ovoide envolvente, se é que merece tal nome, é apenas mera coroa informe de névoa, sem a menor regularidade ou constância de linhas.

No indivíduo mais desenvolvido, o caso é outro. A forma envolvida pela aura é muitíssimo mais diferenciada e definida – constituindo uma reprodução mais aproximada do homem físico. Em vez da coroa de névoa, vê-se uma forma ovoide perfeitamente definida, que se conserva no meio do tumulto das correntes que continuamente percorrem o mundo astral.

Visto as faculdades psíquicas do homem se acharem no decurso da sua evolução, e haver em cada grau desta um certo número de indivíduos que vão seguindo regularmente as diferentes etapas de desenvolvimento, esta classe naturalmente se dilui por uma gradualidade imperceptível na classe anterior.

4º *O mago negro e os seus discípulos.* – Esta classe é semelhante à primeira, com a diferença de que o seu desenvolvimento se deu para o mal e não para o bem, donde resulta que os poderes e as faculdades adquiridas são utilizados para fins egoístas, em vez de sê-lo em benefício da humanidade. Há aqueles que se entregam às práticas de feitiçaria das escolas de Obeah e Voodoo, e os curandeiros de muitas tribos selvagens. Mais inteligentes e consequentemente mais recrimináveis, são os magos negros do Tibete, também desta classe, chamados erradamente Dugpas europeus – designação que pertence propriamente, segundo o Cirurgião Mor Waddell, no seu livro *The Buddhism of Tibet (O Budismo do Tibete)*, à subdivisão butanesa da grande seita dos Kagyus, que forma uma parte do que se pode chamar a Escola semirreformista do Budismo tibetano.

Os Dugpas[7] praticam sem dúvida a magia tântrica, mas a verdadeira seita não reformada dos barretes vermelhos é a dos

---

[7] "Barretes vermelhos".

Nin-mā-pa, sectários da religião aborígene, que não quiseram nunca aceitar qualquer forma de Budismo. Não se suponha, porém, que todas as seitas do Tibete, exceto os Gelugpas[8], são necessariamente dedicadas ao mal. Seria mais justo dizer-se que as normas de outras seitas permitem um afrouxamento muito maior na prática, e por isso a proporção de interesseiros entre eles é provavelmente muito maior que entre os reformadores mais rigorosos.

2 – Os Mortos

Em primeiro lugar, deve-se entender que a designação "mortos" é absolutamente errônea, visto que as entidades nela englobadas estão tão vivas como nós, e a maior parte das vezes têm mesmo uma vitalidade muito maior. Quando dizemos mortos, queremos apenas referir-nos àqueles indivíduos que momentaneamente se libertaram do corpo físico. Distinguimos nove espécies principais:

1º *Os Nirmānakāyas* (um daqueles que, tendo merecido o direito da perpétua bem-aventurança do *Nirvāna*, renuncia a ela com a intenção de devotar-se ao serviço para o benefício da humanidade). Referindo-nos a esta classe tão somente para não deixar a enumeração incompleta, porque é muito raro que Seres tão elevados se manifestem num plano tão inferior como este. No entanto, quando por qualquer razão relacionada, que lhe foi confiada, derivada da missão sublime, o *Nirmānakāya* entende desejável descer ao Plano Astral, faria

---
[8] "Barretes amarelos".

um Adepto em seu corpo mental, simplesmente porque o seu corpo mais refinado não seria visível pela visão astral. Para poder manifestar-se imediatamente em qualquer dos planos, o Adepto retém sempre dentro de si alguns átomos de cada um deles, em volta dos quais, como núcleo, pode instantaneamente agregar outra matéria e poder providenciar para si mesmo qualquer veículo que desejar. Acerca dos *Nirmānakāyas* pode consultar-se, para mais ampla informação, o livro de Helena Petrovna Blavatsky, *A Voz do Silêncio*[9], e o meu pequeno volume *Auxiliares Invisíveis*.

2º *Os Discípulos à espera da reencarnação:* Na literatura teosófica está escrito em várias obras que quando o discípulo chega a um certo grau de desenvolvimento, está em condições de, com o auxílio do Mestre, libertar-se da lei da Natureza que faz passar todos os seres humanos, (depois da morte) no fim de sua vida astral, para o mundo-céu, para aí gozar os resultados espirituais das aspirações elevadas que teve durante a vida terrestre. Como na hipótese considerada, o discípulo deve ser uma criatura de grande pureza de vida e de grande nobreza de pensamentos, é natural que estas forças espirituais tenham uma intensidade anormal. Portanto, se ele, servindo-me de uma expressão técnica, "tomar o seu mundo-céu (*Devachān*)", é provável que este seja de longa duração; mas se, em vez de se conservar no *Devachān*, preferir o "Caminho da Renúncia" (começando assim, embora em grau muito inferior e pelos caminhos mais humildes, a seguir as pegadas

---

[9] *A Voz do Silêncio*. Brasília: Editora Teosófica, 2000. (Nota Ed. Bras.)

do Grande Mestre da Renúncia, que foi o próprio Gautama Buda), pode despender essa reserva de força numa direção oposta; empregá-la em benefício da humanidade, e por mais infinitesimal que seja a sua contribuição, tomar a sua minúscula parte na grande obra dos *Nirmānakāyas*. Seguindo este caminho de abnegação, sacrifica, é certo, séculos da mais intensa bem-aventurança, mas em compensação, fica com a enorme vantagem de poder continuar a sua vida de trabalho e de progresso sem interrupção.

Quando o discípulo, que escolheu este caminho, morre, ele sai do seu corpo, como ele já fez muitas vezes, e espera no Plano Astral até que o Mestre lhe destine uma reencarnação adequada e merecida. Isso só pode ser feito com permissão de uma autoridade de categoria muito elevada, porque, constituindo uma exceção à lei geral, ninguém deve tentá-lo sem obter essa autorização. E mesmo depois que essa seja conseguida, a força da lei natural é tão grande, que se o discípulo não se confinar estritamente no Plano Astral, e por um momento tocar o Plano Mental, será de novo arrastado por uma corrente irresistível para o curso normal da evolução.

Em alguns casos, embora muito raros, pode-se lhe evitar um novo renascimento, dando a ele imediatamente um corpo de adulto cujo antigo habitante já não precise dele. É, porém, difícil de encontrar disponível um corpo apropriado, de modo que a maior parte das vezes ele tem de esperar no Plano Astral, até que se lhe apresente a oportunidade de um renascimento apropriado. Entretanto, enquanto espera, não perde o seu tempo, porque não deixa de ser quem era e está em melhores condições para continuar a obra que lhe foi atribuída pelo Mestre. Digo em melhores condições porque, despojado do corpo físico, não tem a entravá-lo a possibilidade da fadiga. Com a consciência alerta e absolutamente plena, pode vaguear à vontade e facilmente por todas as divisões do plano.

O discípulo à espera da reencarnação não é, evidentemente, um dos habitantes mais comuns do Plano Astral, mas pode lá se encontrar ocasionalmente. Forma, por isso, uma das nossas classes: Não há dúvida de que à medida que a evolução da humanidade prossegue, e uma sempre crescente proporção [de seres humanos] ingresse na Senda da Santidade, esta classe se tornará mais numerosa.

3º *As pessoas comuns depois da morte.* Esta classe é milhões de vezes maior do que as já estudadas; o caráter e as condições de seus membros oscilam entre larguíssimos limites. E é também dentro de larguíssimos limites que varia a duração da sua estada no Plano Astral, pois, enquanto uns aí passam apenas algumas horas, outros podem lá permanecer durante anos e até séculos.

O homem que levou uma vida de pureza na Terra, cujos sentimentos e aspirações predominantes foram sempre altruístas e espirituais, pouca atração sente pelo Plano Astral, e não havendo nada que lá o prenda, a sua atividade não chega a ser despertada durante o pequeno período da sua vida astral. A razão disto reside no fato de que depois da morte o homem verdadeiro recolhe-se em si mesmo. Logo ao primeiro passo deste processo, arroja de si o corpo físico, e quase logo a seguir o duplo etérico, para que possa libertar-se tão cedo quanto possível do corpo astral ou de desejos, e ingressar no mundo-céu, que é a única região onde as suas aspirações espirituais podem frutificar de uma forma consentânea com os sentimentos elevados que teve na Terra.

O homem de espírito elevado e mente pura pode fazer isso porque soube dominar todas as paixões terrenas durante a vida física. Sua força de vontade foi dirigida para canais mais elevados e pouca energia de desejos inferiores ele tem disponível para ser utilizada no Plano Astral.

Portanto, a sua permanência aí será de breve duração, e segundo todas as probabilidades, passará a sua curta vida astral num estado letárgico de semiconsciência até mergulhar no sono profundo, durante o qual os seus princípios elevados se libertam do invólucro astral e ingressam na vida bem-aventurada do mundo-céu.

Para aqueles que ainda não entraram no caminho do desenvolvimento oculto, como no caso que estamos considerando, o que acabamos de descrever representa o mais que se pode conseguir, e na melhor das hipóteses. Mas, geralmente, poucos o atingem, porque o homem mediano raras vezes consegue libertar-se na Terra de todos os desejos inferiores, de modo que é sempre necessário uma demora mais ou menos longa nas várias subdivisões do Plano Astral, para que as forças geradas na Terra possam consumir-se mutuamente e pôr em liberdade o Ego superior.

Todos, sem exceção, têm de passar por todas as subdivisões do Plano Astral no seu caminho para o mundo-céu, mas alguns há que os percorrem inconscientemente. Precisamente como é necessário que o corpo físico contenha dentro da sua constituição matéria física em todos os estados – sólido, líquido, gasoso e etérico – é indispensável também que o veículo astral contenha partículas pertencentes a subdivisões similares da matéria astral, embora em proporções variáveis segundo o caso.

Ora, não devemos esquecer que, conjuntamente com a matéria do seu corpo astral, o homem colhe a essência elemental correspondente, e que durante a vida esta essência é segregada do oceano de matéria semelhante, e transforma-se no que se pode chamar uma espécie de elemental artificial.

Durante algum tempo, este elemental tem uma vida sua, separada, e segue independentemente o curso de sua evolução própria, descendente para a matéria, sem preocupações – e mesmo sem conhecimento – da conveniência ou interesse do Ego a que está ligado. É isso que dá lugar à perpétua luta entre a vontade da carne e a vontade do espírito, de que tanto falam os escritores religiosos. Contudo, se é certo existir "uma lei dos membros em guerra com a lei do espírito"[10], e se é certo que se o homem ceder em vez de tentar dominar-se, o progresso da sua evolução se ressentirá extraordinariamente, nada nos autoriza, porém, a considerar isso um mal, porque é apenas e sempre a Lei – o eterno fluir do Poder Divino no seu

---

[10] Refere-se a Romanos VII: 23. (Nota Ed. Bras.)

curso regular, embora neste caso esse curso seja descendente para a matéria em vez de ascender em sentido contrário, para longe dela, como é o nosso.

Quando o homem, ao morrer, abandona o Plano Físico, as forças desintegrantes da Natureza começam a exercer a sua ação sobre o corpo astral; este elemental se vê ameaçado da perda da sua existência separada, e naturalmente reage, procurando defender por mais tempo possível a integridade do corpo astral. Para isso trata de reordenar a matéria da qual é composto, num tipo de conchas estratificadas [ou camadas concêntricas] em série, deixando aquela do subplano mais inferior (e portanto a mais grosseira ou densa) na camada mais externa, uma vez que essa camada oferece mais resistência à desintegração.

Mas o homem não pode abandonar o sétimo subplano senão depois de ter libertado o mais possível o seu eu real da matéria deste subplano. Feito isso, a sua consciência vai focar-se na camada concêntrica imediatamente a seguir (que é formada pela matéria da sexta subdivisão) ou, exprimindo a mesma ideia por outras palavras, o homem passa para o próximo subplano. Em suma, quando o corpo astral esgotou todos os atrativos oferecidos por uma certa divisão, quase toda a matéria desta se solta dele e entra num mais elevado estado de existência. A sua gravidade específica, por assim dizer, começa a diminuir constantemente, e ele vai-se elevando gradualmente dos estratos mais densos aos mais sutis, demorando-se apenas onde se sinta sob a ação de um perfeito equilíbrio.

É esta a explicação para o fato de os mortos que aparecem nas sessões espíritas dizerem que estão para ingressar numa esfera superior, da qual lhes será impossível, ou pelo menos não tão fácil, a comunicação com a Terra por meio de um médium. E é realmente um fato positivo que quando um morto chega à subdivisão superior deste plano, seja-lhe quase impossível comunicar-se com qualquer médium comum.

Assim, vemos que a duração da permanência de um indivíduo, em qualquer das subdivisões do Plano Astral, é rigorosamente em função da quantidade de matéria dessa subdivisão, subsistente no seu corpo astral, e por sua vez, depende do gênero de vida que levou na Terra, dos desejos que acalentou e da espécie de matéria que, com o seu procedimento, atraiu para si. É, pois, possível reduzir ao mínimo a quantidade de matéria das subdivisões astrais inferiores, por meio de uma vida repleta de pureza e de pensamentos nobres e, em todos os casos, elevá-la ao que se pode chamar o ponto crítico, no qual basta o mais leve toque de força desintegrante para lhe romper a coesão, reduzindo-a ao seu estado original e deixando ao homem a passagem livre para o próximo subplano.

Esta passagem é, como já se disse, extremamente rápida para as pessoas de espírito elevado, pois atingem facilmente esse ponto crítico, de forma que se pode dizer que tais pessoas só recuperam a plenitude da consciência no Plano Mental. Vale ressaltar que esses subplanos não ocupam espaços diferentes; interpenetram-se mutuamente, de modo que se dizer que uma pessoa passa de um subplano para outro, não quer dizer que realize qualquer deslocamento no espaço, mas tão só que o foco da sua consciência transita da camada externa para a que internamente lhe fica mais próxima.

As únicas pessoas que normalmente despertam, no seu subplano inferior [no sétimo subplano] do Plano Astral, são as de aspirações grosseiras e brutais – os ébrios, os sensuais e similares. A sua permanência depende da intensidade dos seus desejos; geralmente o seu sofrimento é horrível pelo fato de, conservando vivos os grosseiros apetites que os dominaram na Terra, lhes é impossível agora satisfazê-los, exceto, uma vez por outra, quando conseguem apoderar-se de uma criatura viva, com vícios iguais aos seus, e obcecá-la completamente.

As pessoas de moralidade mediana não terão de permanecer muito tempo neste sétimo subplano. É geralmente no sexto que a sua demora se acentuará, principalmente se os seus desejos e pensamentos predominantes giraram em torno de coisas mundanas, porque é nessa subdivisão que encontrarão os lugares e as pessoas com quem na Terra andaram mais ligadas.

O quinto e o quarto subplanos são semelhantes ao sexto. À medida que ascendemos através deles, as associações de ideias puramente terrestres perdem gradualmente sua importância, e há uma tendência para moldarmos o ambiente em concordância com os mais persistentes dos nossos pensamentos.

Chegados à terceira subdivisão, reconhece-se que esta característica substituiu inteiramente a visão das realidades do plano. Porque, aqui, os seus habitantes criaram cidades imaginárias para si mesmos, e nelas vivem com a sua fantasia – criações não exclusivas da imaginação de cada um deles, como no mundo-céu, mas calcadas sobre a herança dos pensamentos e das fantasias dos seus predecessores.

É nesta subdivisão que se encontram as tais igrejas e escolas e "habitações na *Summerland* de que falam os espíritas norte-americanos, embora menos reais e muito menos magníficentes para qualquer observador sem preconceitos do que para os seus entusiásticos criadores.

O segundo subplano parece ser o *habitat* dos devotos egoístas e pouco espirituais. É lá que eles usam as coroas de ouro e adoram a representação material e grosseira da divindade peculiar da sua Terra e do seu tempo.

A subdivisão mais elevada é especialmente destinada àqueles que em vida se dedicaram a trabalhos de ordem material, mas de caráter intelectual, e que os seguiram não com o fito de com eles bem servir e ajudar os seus semelhantes, mas impelidos por motivos egoístas ou simplesmente por exercício intelectual. Esses estacionam nesta divisão por bastante tempo – deliciados por poder prosseguir na ocupação dos seus problemas intelectuais, mas sem fazer bem a ninguém e pouco progredindo no caminho para o mundo-céu.

Repito mais uma vez que a estes diferentes subplanos não se deve ligar a ideia de localização no espaço. Qualquer entidade que funcione num deles poderia ser repentinamente transportada da Inglaterra para a Austrália, ou para onde quer que qualquer pensamento momentâneo se lembrasse de a levar. Mas o que não lhe é possível é transferir a consciência de um subplano para o imediatamente a seguir, sem ter-se dado o processo de libertação de matéria, a que já nos referimos.

Não há, que se saiba, exceção a esta regra, apesar de as ações de um homem, quando se acha consciente num dos subplanos, poderem, até certo ponto, abreviar ou prolongar a sua permanência ali.

Mas o grau de consciência que um indivíduo terá num determinado subplano, não obedece à mesma lei. Tomemos um exemplo extremo para melhor compreensão. Suponhamos um homem que trouxe da última encarnação tendências que exigem para a sua manifestação grande quantidade de matéria do sétimo ou último subplano, mas que na vida presente teve a felicidade de se convencer, logo de princípio, da possibilidade e da necessidade de dominar essas tendências. Não é provável que os seus esforços sejam inteiramente bem-sucedidos; mas se o fossem, a substituição no corpo astral das partículas grosseiras pelas mais sutis dar-se-ia regularmente, embora com lentidão.

Este processo é, na melhor das hipóteses, sempre lento e gradual, de modo que nada mais natural que o homem em questão morresse antes de tê-lo meio terminado. Neste caso lhe restaria ainda bastante matéria grosseira na constituição do corpo astral, suficiente para lhe prolongar a sua estada no Plano Astral. Mas como a sua consciência não chegou a se habituar a funcionar nessa matéria, e como não lhe era possível adquirir esse hábito, o resultado seria que, embora a sua permanência nesse subplano dependesse do tempo que essa parte de matéria levasse para desintegrar-se, ele estaria sempre num estado de inconsciência. Isto é, ele ficaria como se estivesse a dormir durante o período dessa permanência e, portanto, passaria absolutamente ileso, não se sentindo afetado por nenhuma contrariedade nem pelas misérias do subplano considerado.

O estudante de Ocultismo, porém, pode tornar sua vida astral algo bastante diferente de tudo isso. O homem comum, ao despertar do momento de inconsciência que sempre parece ocorrer durante a morte, encontra-se em certas condições que o elemental do desejo criou para ele pelo rearranjo da matéria do corpo astral. Ele só consegue receber vibrações de fora através do tipo de matéria que o elemental deixou do lado de fora, e consequentemente sua visão fica limitada a esse subplano particular. O homem aceita esta limitação como parte das condições de sua nova vida; na verdade, ele está completamente inconsciente de que existe alguma limitação, e supõe que o que vê é tudo que há para ser visto, já que ele nada sabe do elemental e de sua ação.

O estudante de Teosofia, porém, entende tudo isso, e, portanto, sabe que a limitação não é necessária. Sabendo isso, ele de imediato se colocará em condição para resistir à ação do elemental do desejo, e insistirá em reter seu corpo astral na mesma condição que estava durante sua vida na Terra – ou seja, com todas as suas partículas entremeadas e com movimento livre. A consequência disto será que ele conseguirá receber as vibrações da matéria de todo o subplano astral simultaneamente, e assim todo o mundo astral estará plenamente aberto à sua visão. Ele conseguirá movimentar-se pelo mundo astral com tanta liberdade quanto conseguia durante o sono físico, e pode, portanto, encontrar e se comunicar com qualquer pessoa no Plano Astral, não importando a que subdivisão essa pessoa possa estar confinada no momento.

O esforço para resistir ao rearranjo, e restaurar o corpo astral à sua condição anterior, é exatamente semelhante àquele que tem que ser feito ao se resistir a um forte desejo durante a vida física. O elemental está temeroso em seu modo semiconsciente, e se esforça para transferir seu medo ao homem; de modo que o homem constantemente encontra rastejando sobre ele um forte instinto de algum perigo indescritível que ele só consegue evitar permitindo o rearranjo. Se, porém, ele resiste firmemente a este irracional senso de medo pela calma asserção de seu próprio conhecimento de que não existe causa para o medo, ele em tempo desgasta a resistência do elemental, tal como resistiu aos impulsos do desejo muitas vezes durante sua vida terrena. Assim, ele se torna um poder vivo durante sua vida astral, capaz de levar a cabo o trabalho de ajudar outros, como costumava fazer durante as horas de sono.

Diga-se de passagem que, no Plano Astral, a extensão das comunicações é determinada, como na Terra, pelo conhecimento da entidade. Ao passo que um discípulo, revestido do corpo mental, pode comunicar os seus pensamentos mais facilmente e mais rapidamente que sobre a Terra, por meio de impressões mentais, às entidades humanas que habitam o mundo astral; estas não têm geralmente a mesma faculdade e parecem mesmo estar sujeitas a restrições iguais às nossas, ou talvez menos rígidas, mas pouco menos. Resulta daí que estas se reúnem, como na Terra, em grupos, ligados por uma comunhão de ideias, de crenças e de língua.

A ideia poética de que a morte nivela todos não passa de um absurdo, fruto da ignorância, porque, na grande maioria dos casos, a perda do corpo físico não tem a menor influência no caráter e na inteligência da pessoa, e, entre aqueles a que chamamos mortos, há tantas variedades de inteligências como entre aqueles a que chamamos vivos.

As teorias correntes no Ocidente a respeito do destino do homem *post-mortem* estão tão longe da verdade que mesmo pessoas muito inteligentes se sentem extremamente confusas e pasmadas ao despertarem no Plano Astral. A situação em que o recém-chegado se encontra é tão radicalmente diferente daquilo que o levaram a acreditar, que não é raro encontrarem-se lá criaturas que se recusam obstinadamente a crer que já transpuseram os portais da morte. Realmente, a nossa tão gabada fé na imortalidade da alma é tão pouco firme, que a maioria das criaturas vê no simples fato de ainda se acharem conscientes uma prova absoluta de que não morreram.

Também a horrível doutrina da punição eterna é a culpada da grande dose de terror, grandemente lamentável e profundamente injustificada, com que os mortos ingressam na vida superior. Em muitos casos passam longos períodos de um sofrimento mental de intensa agudeza enquanto não conseguem libertar-se desta monstruosa blasfêmia, e convencer-se de que o mundo é governado não segundo o capricho de qualquer demônio, ávido de angústias humanas, mas segundo a grande lei da evolução, profundamente benévola e maravilhosamente paciente.

Muitos não chegam a apreender este fato da evolução, mas continuam a flutuar ao acaso no mundo astral, tal qual impelidos por influências do que fizeram na vida física precedente. Então, depois da morte, exatamente como antes dela, há os poucos que compreendem algo sobre sua posição e sabem como fazer o melhor disso, e muitos que não adquiriram conhecimento ainda, e assim, tal como agora, os ignorantes raramente estão prontos para ser beneficiados com o conselho ou exemplo dos sábios.

Qualquer que seja o nível intelectual da entidade, a sua inteligência varia sempre em vigor, tendendo mesmo a diminuir, porque a mente inferior do homem é levada em direções opostas, pela natureza espiritual superior que atua de cima, e pelas intensas forças de desejos que vêm de baixo. Por isso, ele oscila entre as duas atrações, com uma tendência crescente para as superiores, à medida que os desejos inferiores se vão consumindo.

Tem aqui cabimento uma das críticas que se fazem às sessões espíritas. Evidentemente um homem ignorante ou degradado pode aprender muito, depois da morte, em contato com assistentes sérios, dirigidos por pessoas competentes, e ser assim ajudado e erguido da sua degradação.

Mas no homem comum, a consciência se eleva constantemente da parte inferior da natureza para a superior; e, evidentemente, nunca pode ser útil e favorável à sua evolução o redespertar desta consciência inferior, arrebatando-o do seu estado atual e arrastando-o de novo ao contato com a Terra por meio de um médium. Compreenderemos melhor o perigo deste despertar inoportuno, se nos lembrarmos de que o homem real, retirando-se cada vez mais em si mesmo, torna-se cada vez menos apto para influenciar e governar a sua parte inferior que, todavia, à separação completa, fica em condições de gerar *karma*, e abandonado às suas próprias forças, é mais provável que crie mau *karma* e não bom.

Independentemente de qualquer questão de desenvolvimento por meio de um médium, há uma outra influência, bastante frequente, que pode retardar consideravelmente o caminho do mundo-céu à entidade desencarnada: são as manifestações intensas de exagerados desgostos dos sobreviventes por causa da partida do seu parente ou amigo.

As ideias do Ocidente sobre a morte, velhas de séculos, mas falsas e, direi mesmo, irreligiosas, dão o triste resultado de não só nos causarem um sofrimento moral tão intenso quão desnecessário pela partida temporária dos entes queridos, mas de nos fazerem contribuir, com o nosso desgosto inútil, para o mal daqueles que tanto amamos. Ao passo que o nosso irmão desaparecido cai sossegada e naturalmente no sono inconsciente que precede o despertar magnífico nos esplendores do mundo-céu, nós o obrigamos por vezes a sair dos seus sonhos venturosos, chamando-o à recordação da vida terrestre pela violência do desgosto e das saudades apaixonadas dos seus mais próximos, que lhe despertam vibrações correspondentes no corpo de desejos e lhe causam assim uma aguda sensação de mal-estar.

Seria de grande utilidade que aqueles cujos entes queridos a morte separou aprendessem nestes fatos indubitáveis a refrear, por amor dos seus mortos queridos, as suas manifestações de um desgosto, que embora natural, é na sua essência um sinal de egoísmo. Não que as doutrinas ocultas aconselhem o esquecimento dos mortos. Longe disso. O que elas sustentam e defendem é que a recordação afetuosa de um amigo, que a morte levou, é uma força que devidamente canalizada por meio de convictos e sinceros votos pelo seu progresso para o mundo-céu, e pela tranquilidade da sua passagem pelo estado intermediário, lhe pode ser de altíssima vantagem. Ao passo que essa recordação, tornada pelo desgosto moralmente doentia, exagerada com lutos e lágrimas, pode impedir-lhe o caminho, fazendo-o árduo e penoso. É precisamente por isso que a religião hindu prescreve acertadamente as cerimônias *Shrāddha* pelos mortos e a religião católica manda que se façam orações por eles.

Acontece, às vezes, o contrário, o desejo de fazer comunicações vem do outro lado, e é o morto que deseja ardentemente comunicar-se com aqueles que deixou. Por vezes se trata de uma mensagem de importância, por exemplo, a indicação do lugar onde está escondido um testamento desaparecido; porém, na maioria das vezes, são mensagens triviais. Mas seja como for, é sempre da máxima importância que o morto comunique o mais depressa a sua mensagem, principalmente se a tem fortemente gravada na mente, para que não se dê o caso de, conservando-a, manter-se num estado de ansiedade, que lhe desviaria constantemente a consciência de novo para a Terra, impedindo-o de se focar nas esferas superiores. Neste caso, um médium, por intermédio de quem o morto possa falar ou escrever, ou um psíquico que o compreenda, presta-lhe evidentemente um grande serviço.

E por que não pode ele falar ou escrever sem a intervenção de um médium? A razão reside no fato de um estado de matéria poder geralmente atuar apenas sobre o estado que lhe está imediatamente inferior, e como no seu organismo apenas há a matéria grosseira que também entra na composição do corpo astral, torna-se-lhe impossível enviar vibrações à substância física do ar ou mover o lápis, também de matéria física, sem pedir emprestada matéria viva da ordem intermédia contida no duplo etérico, e é graças a esta que qualquer impulso se transmite de um plano para outro. E a qualquer outro indivíduo que não fosse um médium, não lhe seria fácil utilizar a matéria, por causa da extrema justeza em que se acham os princípios numa criatura comum, dificilmente separáveis pelos meios geralmente ao alcance dos mortos, ao passo que num médium, e é precisamente esta a característica essencial das suas faculdades, os princípios podem separar-se rapidamente e fornecer a matéria para a desejada manifestação.

Quando não vê possibilidade de estabelecer a comunicação por meio de um médium, ou porque não o ache, ou porque não saiba fazer-se compreender por meio dele, o morto recorre muitas vezes a si mesmo, fazendo toda a espécie de tentativas grosseiras e desastradas, pondo em ação, numa atividade desordenada, forças elementais. É talvez por isso que tantas vezes podem ser vistas, nas sessões espíritas, essas incompreensíveis manifestações de espíritos derrubando mesas, atirando pedras, pondo campainhas a tocar, etc. Pode acontecer que um médium, que se encontre no local onde se dão estas manifestações, compreenda e venha a descobrir o que a entidade que as origina quer dizer, pondo fim aos distúrbios. Mas isso é raro, visto que essas forças elementais são geralmente postas em ação por causas múltiplas e variadíssimas.

4º A Sombra. : Quando a separação dos princípios num indivíduo é completa, isso é sinal de que acabou a sua vida astral e então ele passa para o Plano Mental. Mas, assim como ao passar do Plano Físico para o Plano Astral, há um abandono do corpo físico, também na passagem do Plano Astral para o Plano Mental há uma desintegração do corpo astral, que é por sua vez abandonado. Se o indivíduo em questão se depurou completamente, durante a vida, de todos os desejos e instintos terrestres, e dirigiu todas as energias num sentido de aspirações espirituais e altruístas, o seu Ego está em condições de absorver em si mesmo toda a mente inferior que projeta em cada encarnação. Neste caso, o corpo abandonado no Plano Astral é um verdadeiro cadáver, como o corpo abandonado no Plano Físico, e não pertence a esta classe, mas à seguinte, a dos cascões.

Para um homem que levou uma vida física um pouco menos perfeita, o resultado pode ser quase o mesmo, se o que lhe resta de desejos inferiores pôde esgotar-se no Plano Astral. Mas a maior parte das pessoas poucos esforços faz para se libertar das tendências inferiores da sua natureza, criando para si mesma uma permanência prolongada no mundo intermédio, e, ainda mais, perdendo, por assim dizer, uma porção de sua mente inferior.

Embora isso seja uma forma muito material para representar o reflexo da mente superior na inferior, poderemos ter uma ideia mais perfeita e bastante aproximada do processo, admitindo a hipótese de que o princípio *manásico* envia, a cada encarnação, uma parte de si mesmo para a vida física, com a esperança de a reaver no fim de cada vida, enriquecida de várias experiências por que passou. Infelizmente o homem comum deixa-se dominar a tal ponto por todas as espécies de desejos inferiores, que uma parte da mente inferior se funde com o corpo de desejos, e tão estreitamente que, quando chega a separação no fim da vida astral, o princípio, por assim dizer, rompe-se, deixando a porção degradada dentro do corpo astral desintegrado.

Este corpo se compõe então das partículas da matéria astral, de que a mente inferior não conseguiu desprender-se, e que, portanto, a mantém prisioneira; porque, quando o homem passa para o mundo-céu, estes fragmentos pendentes aderem a uma porção de sua mente, e, por assim dizer, arrancam esta porção para longe. A matéria astral de cada subplano encontra-se no corpo astral em decomposição, na proporção em que a mente se deixou absorver e invadir pelas paixões inferiores. E, portanto, visto que a mente, ao passar de subplano para subplano, não poder libertar-se completamente da matéria de cada um deles, o remanescente astral mostrará a presença de cada espécie mais grosseira que conseguiu manter uma estreita conexão com ele.

Aparece assim uma outra classe de entidades a que se chama "A Sombra". Deve-se, porém, observar que uma sombra não é o indivíduo real, visto que este já passou para o mundo-céu; mas conserva absolutamente a semelhança física, a memória e até as pequenas idiossincrasias daquele de quem é a imagem fiel, de maneira que é facílima uma confusão, como acontece muitas vezes nas sessões espíritas. Não que a sombra tenha consciência de se ter personificado, pois que, na sua inteligência limitada, supõe-se ser o próprio indivíduo, mas imagine-se qual seria o horror e o desgosto dos amigos do morto se por um momento compreendessem que tinham diante de si não aquele que amavam, mas um simples agregado sem alma das suas qualidades mais inferiores.

A duração da vida de uma sombra varia segundo a qualidade de mente inferior que a anima; mas como esta vai diminuindo sempre, a sua inteligência diminui também, embora possa conservar uma espécie de astúcia instintiva, animal, a tal ponto que mesmo no fim da sua carreira pode comunicar-se ainda por meio da inteligência que o médium lhe ceda temporariamente. A essência da sua natureza é ceder a todas as influências más, e, como se acha separada do Ego [superior], já não contém em si elementos que lhe permitam responder a qualquer coisa mais elevada. Presta-se, portanto, facilmente às mesmas operações dos magos negros de categoria inferior. Tudo o que a sombra possui de matéria mental acaba por se desintegrar e retorna ao seu respectivo plano, mas não em qualquer mente individual – e a sombra vai-se degradando quase imperceptivelmente até cair na classe seguinte.

5º Os cascões [astrais]: O cascão é apenas o cadáver astral nas suas últimas fases de desintegração, quando o estão abandonando as últimas partículas mentais. Desprovidos de qualquer espécie de consciência e de inteligência, vagueiam passivamente nas correntes astrais "como nuvens impelidas por ventos contrários". Mas, galvanizados pelo contato da aura de um médium, podem, contudo, animar-se ainda, por instantes, de um simulacro burlesco e caricatural de vida. Neste caso uma perfeita semelhança têm com o morto e podem mesmo reproduzir até certo ponto as suas expressões favoritas, e até mesmo a sua caligrafia. Contudo, isto é apenas um ato automático das células, que tendem, logo que são sujeitas a qualquer excitação, a repetir mecanicamente os movimentos habituais; e se alguma inteligência parece haver nestas entidades, não procede do morto, mas é, por assim dizer, emprestada do médium ou dos seus "guias" ocasionais.

Mas a sua vitalização temporária dá-se mais frequentemente por outro processo, que estudaremos no parágrafo seguinte.

Conservam também a qualidade de poder responder cegamente às vibrações, geralmente grosseiras, que lhes eram familiares durante o seu período de existência como sombras. Consequentemente, as criaturas em que predominavam os desejos inferiores e as paixões grosseiras sentem estas por vezes extraordinariamente intensificadas, quando assistem a sessões espíritas, como se o cascão fizesse incidir sobre todas as suas más qualidades.

Há uma outra variedade de cadáver que se deve mencionar neste parágrafo, embora pertença a uma fase anterior da vida *post-mortem*. Já se disse que, depois da morte do corpo físico, o veículo astral é reorganizado com uma relativa rapidez e que o duplo etérico é abandonado e exposto a uma lenta desintegração, precisamente como acontece ao invólucro astral na última fase do processo. Este invólucro etérico não vagueia daqui para ali, como a variedade que acabamos de descrever; conserva-se a uma distância de alguns metros do corpo físico em via de decomposição. Como é facilmente perceptível por qualquer pessoa, mesmo levemente sensitiva, é ele a origem das histórias correntes sobre espectros e fantasmas que aparecem nos cemitérios. Qualquer pessoa psiquicamente desenvolvida, ao atravessar um dos nossos grandes cemitérios, pode observar centenas dessas formas azuladas, com a aparência de vapores, flutuando sobre as campas das sepulturas daqueles que recentemente deixaram. E não se pode dizer que o espetáculo seja muito agradável, visto elas se acharem, como as suas contrapartes físicas enterradas, nos vários graus de decomposição.

Como o invólucro ou cascão astral, esta espécie de invólucro é absolutamente desprovida de inteligência e de consciência, e apenas pode ser trazida a uma espécie de simulacro de vida sempre hedionda, por um desses repugnantes ritos de uma das piores formas da magia negra, de que é melhor não falarmos.

Resumindo: em cada etapa do seu caminho da Terra ao Céu, o homem arroja para longe e abandona três cadáveres: o corpo físico, o duplo etérico e o veículo astral, que se dissolvem gradualmente nos seus elementos constituintes, e cuja matéria é utilizada de novo nos planos respectivos pela admirável química da Natureza.

6º Os cascões vitalizados :

Propriamente, não deviam classificar-se entre os "humanos", visto que apenas o seu revestimento exterior, um cascão passivo e insensível, é que teve outrora qualquer coisa de humano. A vida, a inteligência, os desejos e a vontade que possuem são os que lhes vêm do elemental artificial que os anima. Embora devamos curvar-nos ante a terrível verdade de serem criações dos maus pensamentos do homem, não podemos considerá-los intrinsecamente humanos. Parece-nos, portanto, mais sensato abordá-los com mais desenvolvimento quando tratarmos da classe das entidades artificiais, visto que a sua natureza e gênese serão mais facilmente compreendidas quando o nosso estudo chegar a essa altura.

Basta, por enquanto, dizer-se que o cascão vitalizado é um ser malévolo – verdadeiro demônio tentador, cuja influência é limitada somente à extensão do seu poder. Como a sombra, é muitas vezes utilizado nos horríveis desígnios das formas de magia do Voodoo e do Obeah. Alguns escritores têm-lhes dado a designação de "elementais", mas este termo, que se tem aplicado em várias épocas a quase todas as variedades de entidades *post-mortem*, tornou-se tão vago e de sentido tão pouco preciso, que preferimos evitá-lo tanto quanto possível.

7º Os suicidas e as vítimas de morte súbita: Compreende-se facilmente que um indivíduo que foi arrancado à vida física repentinamente [seja por acidente ou suicídio], em pleno gozo da sua saúde e energia, se encontre, no Plano Astral, em condições consideravelmente diferentes daquelas a que estão sujeitos os que morrem com a idade ou por doença. Nestes casos, os laços de desejos terrestres que ligavam o velho, ou o doente à Terra, estão naturalmente mais ou menos enfraquecidos; as partículas mais grosseiras estão, com certeza, já libertas, de modo que é a sexta ou quinta subdivisão, ou talvez uma mais elevada do Plano Astral, a que deve passar. Os princípios foram, por um processo gradual, preparados para a separação, e portanto, o choque não é tão grande.

Mas no caso de suicídio ou de morte por desastre, não se realizaram estes preparativos graduais, e a saída brusca dos princípios do seu veículo físico pode comparar-se ao arrancar repentino do caroço de um fruto ainda verde. Grande quantidade de matéria astral, da categoria mais densa, está ainda suspensa em volta da personalidade que, por conseguinte, fica presa na sétima ou última subdivisão do Plano Astral.

Já vimos, pela descrição que dela tentamos fazer, que esta subdivisão não é realmente uma estância muito agradável; mas os seus efeitos não são, de forma alguma, os mesmos para todos os que são obrigados a habitá-la. As vítimas de morte súbita, cujas vidas na Terra foram puras e nobres, não têm afinidade por esse subplano, de modo que o tempo da sua permanência lá é passado, citando as palavras de uma carta a esse respeito, ou "num feliz alheamento e esquecimento completos, ou num estado de tranquila sonolência, povoado de sonhos cor-de-rosa."

Se, porém, a vida na Terra foi baixa, brutal, egoísta, cheia de sensualismo, haverá da parte dos que por qualquer meio foram violentamente arrebatados à vida, plena consciência desta pouco hospitaleira região, e estarão sujeitos a transformar-se em entidades terrivelmente malfazejas. Inflamados por apetites horríveis, de todas as espécies, que de modo nenhum podem satisfazer diretamente, por não terem corpo físico, tentam aplacar suas abomináveis paixões servindo-se de um médium ou de qualquer pessoa sensitiva que obsedam. E não há maior alegria para eles do que se servirem de quantos artifícios o Plano Astral lhes pode fornecer, para iludir os vivos, levando-os a esses mesmos excessos que tão fatais foram para eles próprios.

A mesma carta diz também, noutra passagem, "são os *Pisāchas*, os íncubos e súcubos dos escritores da idade média, os demônios da embriaguez, da gula, da luxúria e da avareza, poderosamente astuciosos, cruéis e maus, cujas vítimas são incitadas por eles, com uma alegria cínica, a cometer os piores crimes." São eles que fornecem, com a classe anterior, os tentadores, os diabos dos livros religiosos, mas falham completamente perante um espírito puro e correto, nada podendo contra qualquer indivíduo que jamais tenha acalentado em si semelhantes tendências criminosas.

Aqueles que têm a visão psíquica desenvolvida podem ver multidões destes desaventurados junto de açougues, tabernas e outros lugares ainda mais vergonhosos, onde encontram a atmosfera grosseira que lhes convém e os indivíduos de ambos os sexos, de hábitos semelhantes aos seus.

Para uma entidade dessas, é uma verdadeira desgraça encontrarem um médium com quem tenham afinidade. Isso concorrerá erroneamente para o prolongamento da sua terrível vida astral, além de a pôr em condições de gerar mau *karma*, durante um período talvez indefinido, e preparando assim, por suas mãos, uma encarnação futura da pior espécie, acrescida do perigo da perda de grande porção de poder mental. Mas, se a entidade em questão tem a sorte de *não* encontrar um sensitivo através do qual possa satisfazer suas paixões, que, não encontrando satisfação, vão-se consumindo pouco a pouco, e o sofrimento que daí resulta concorre talvez para ir desfazendo o seu mau *karma* da última vida.

A situação do suicida é ainda complicada pelo fato de a violência do seu ato ter diminuído enormemente o poder que o Ego [superior] tem de reabsorver em si mesmo a sua parte inferior, o que o coloca sob a ameaça de novos e variados perigos.

Mas é necessário que se note que nem todos os suicidas são igualmente condenáveis. As circunstâncias determinantes do ato variam desde o ato refletido e irrepreensível de um Sêneca ou de um Sócrates até o do miserável que se mata a fim de escapar dos obstáculos aos quais a sua vilania o trouxe, e por consequência a situação depois da morte varia igualmente.

Esta classe, assim como a das sombras e dos cascões vitalizados, formam o que se poderia chamar "os vampiros menores", visto todos procurarem prolongar a existência subtraindo a vitalidade necessária aos seres humanos submetidos à sua influência. É esta a razão por que tantas vezes os médiuns e os assistentes se sentem completamente esgotados no fim de uma sessão de Espiritismo.

Os estudantes de Ocultismo são ensinados a defender-se dos seus ataques. Mas o indivíduo que sem esse conhecimento se aventure a cruzar-se com tais entidades no seu caminho, dificilmente as evitará, ou pelo menos não deixará de mais cedo ou mais tarde vir a sofrer os resultados da sua influência.

8º *Os Vampiros e os Lobisomens*:

Resta-nos ainda falar de duas espécies de entidades, ainda mais vis, mas felizmente muito raras. Embora sejam muito diferentes em várias características, podemos talvez juntá-las no mesmo grupo, visto terem em comum caracteres de horror sobrenatural e de extrema raridade, devido ao fato de serem legados de raças primitivas. São anacronismos monstruosos, relíquias horrorosas de um tempo em que o homem e o seu ambiente eram, sob muitos pontos de vista, diferentes do que o são hoje.

Nós que pertencemos à quinta Raça-raiz[11] devíamos estar, atendendo ao nosso estado de civilização, absolutamente livres de um tão terrível destino, e realmente assim o é, tanto que essas entidades são hoje consideradas apenas como fábulas da Idade Média. Contudo, *há* exemplos ocasionais,

---

[11] Do ponto de vista teosófico, a quinta Raça-Raiz trata-se de uma civilização que desenvolveu os cinco sentidos. Vide *Fundamentos de Teosofia*, de C. Jinarajadasa, 2014, p. 43, capítulo 2: ascensão e declínio de civilizações. (Nota Ed. Bras.)

ainda hoje, do seu aparecimento, principalmente em povos onde há ainda uma forte corrente de sangue da quarta raça, como na Rússia e na Hungria. As lendas populares são evidentemente exageradas mas, no fundo, há qualquer coisa de verdade, de impressionante realismo, nas estranhas histórias que ainda hoje correm de boca em boca entre os camponeses da Europa Oriental. Os traços gerais dessas histórias são bem conhecidos para que valha a pena fazer-lhes mais do que uma referência passageira. Como exemplo típico, embora produto de imaginação, encontra-se um em *Carmilla*, de Sheridan le Fanu; um outro conto ainda mais terrível é o *Drácula*, de Bram Stoker, e a muito notável descrição de um vampiro de espécie rara em em *Isis sem Véu*, vol. I.

Os leitores de literatura teosófica sabem que é possível viver-se de maneira tão degradante e egoísta, tão criminosa e brutal, que a mente inferior se encontre por completo encarcerada nos desejos e absolutamente separada da sua fonte espiritual no Ego [superior]. E muitos haverá que supõem que tal ocorrência é bastante comum e que estamos expostos a encontrar pelas ruas dezenas desses "homens sem alma"; mas, felizmente, isso não é verdade. Para atingir tão baixo nível no mal, a ponto de perder completamente a personalidade, seria necessário que um homem tivesse abafado até o último estertor o seu altruísmo e espiritualidade, e não tivesse nem a mais pálida sombra de uma boa qualidade. Ora, se até no mais ínfimo dos patifes se encontra frequentemente qualquer coisa que não é de todo má, compreende-se que essas personalidades abandonadas [pelo Ego] devem sempre constituir uma pequena minoria. Todavia, embora raras, existem; e é entre elas que se encontra a categoria ainda mais rara dos vampiros.

A entidade perdida achar-se-ia pouco tempo depois da morte incapaz de se demorar no mundo astral, e seria levada irresistivelmente, em plena consciência, para o "seu legítimo lugar", a misteriosa oitava esfera, onde se desintegraria lentamente depois de passar por provas que vale mais não descrever. Se, contudo, a entidade em questão pereceu de suicídio ou morte súbita, pode, em certas circunstâncias, especialmente se sabe alguma coisa da magia negra, trocar aquele pavoroso destino, por uma morte em vida, dificilmente menos pavorosa, que tal se pode chamar a horrorosa existência do vampiro.

Uma vez que a oitava esfera não pode reivindicar [o vampiro] até que ocorra a morte do seu corpo físico, ele o mantém num tipo de transe cataléptico, servindo-se para isso do repugnante expediente da transfusão de sangue roubado a seres humanos por meio do seu corpo astral semimaterializado, e assim retarda o seu destino final pela perpetração de indiscriminados assassinatos. E é precisamente o recurso apontado pela superstição popular – a exumação e cremação do corpo – o melhor remédio para tais casos, visto que assim se priva a criatura [o vampiro] do seu ponto de apoio. Quando se procede à abertura do caixão, é comum encontrar-se o corpo fresco e sadio, mergulhado num lago de sangue. Nos países onde existe a cremação, esta espécie de vampirismo é naturalmente impossível.

O lobisomem, apesar de igualmente horrível, é resultado de um *karma* um tanto diferente. Deveria, talvez, ser incluído na segunda e não na primeira das divisões dos habitantes humanos deste plano, visto que é sempre durante a vida terrena de um homem que ele se manifesta pela primeira vez sob esta forma; é uma habilidade que implica necessariamente certo conhecimento de magia negra – suficiente pelo menos para se poder projetar o corpo astral.

Quando um indivíduo, absolutamente cruel e brutal, faz isso, há certas circunstâncias que permitem que o corpo possa ser arrebatado por outras entidades astrais, e materializado, não na forma humana, mas na forma de qualquer animal perigoso, e mais geralmente o lobo. Sob esta nova forma devasta a região em roda, matando outros animais, e mesmo seres humanos, satisfazendo assim não só sua ânsia de sangue, mas ainda a dos demônios que o conduzem.

Neste caso, como acontece frequentemente na materialização comum, qualquer ferida infligida nessa forma animal reproduz-se no corpo físico humano, graças ao extraordinário fenômeno da repercussão. Depois da morte deste corpo, o astral – que provavelmente continuará a aparecer sob a mesma forma – apresenta-se menos vulnerável. Será, portanto, menos perigoso, visto não poder, a não ser que encontre um médium apropriado, materializar-se já completamente.

Nestas manifestações há provavelmente muita matéria do duplo etérico e sem dúvida também uma parte dos elementos gasoso e líquido que constituem o corpo físico, como acontece noutras materializações. Em qualquer dos casos, este corpo fluídico parece poder afastar-se do corpo físico, muito mais do que geralmente acontece a um veículo que encerra, pelo menos, certa quantidade de matéria etérica.

É moda em nosso tempo escarnecer daquilo a que se chama "superstições tolas de pessoas ignorantes ou simplórias"; mas o estudante de Ocultismo descobre nestas tradições, e em muitas outras, sob a capa de absurdos, vestígios de verdades esquecidas da Natureza e aprende a ser cauteloso na sua aceitação ou rejeição. Os que desejam explorar as regiões astrais não devem ter receio de encontrar as entidades cujos nomes encimam este parágrafo, porque, como já disse, são extremamente raras e felizmente o seu número tem diminuído de maneira considerável. E de resto, a sua ação, a julgar pela sua natureza constitucional extremamente material, limita-se às vizinhanças imediatas dos seus corpos físicos.

9º *O Homem no Mundo Cinzento.* Eu já expliquei que o vampiro e o lobisomem são anacronismos, que pertenceram à evolução de uma antiga raça raiz. Mas embora nós tenhamos desenvolvido além dessa forma particular de manifestação, o tipo de pessoa que se agarra desesperadamente à vida física porque não tem certeza de que existe outra ainda persiste entre nós. Tendo sido intensamente materialista, não tendo tido ideias, não tendo concepções de qualquer tipo além do físico durante a vida terrena, ela enlouquece de medo quando se vê completamente à deriva.

Às vezes tais pessoas fazem esforços desesperados para voltar a ter algum tipo de contato com a vida física. A maioria não é bem-sucedida, e gradualmente desiste da luta; logo que faz isso, passa imediatamente para o momento natural de inconsciência, e pouco depois desperta no mundo astral. Mas aquelas cuja vontade é suficientemente forte para obter algum sucesso parcial e temporário agarram-se tenazmente a algum fragmento de seu duplo etérico, e às vezes até mesmo conseguem atrair partículas de seus corpos físicos.

Podemos dizer que a real definição de morte é a plena e final separação do duplo etérico do corpo denso – ou, em outras palavras, a ruptura do corpo físico pela retirada da parte etérica de sua parte inferior. Enquanto um elo for mantido podemos ter condições de catalepsia, transe e anestesia; quando o elo é finalmente rompido, então ocorre a morte.

Quando o homem se afasta de seu corpo denso na morte, ele leva consigo a parte etérica desse veículo. Mas essa matéria etérica não é em si mesma um veículo completo – apenas parte de um. Portanto, embora a matéria etérica ainda se agarre a ele, ele não está nem num plano nem em outro. Ele perdeu os órgãos dos sentidos físicos, e não consegue usar os do corpo astral porque ainda está envolto nessa nuvem de matéria etérica. Ele vive durante algum tempo – felizmente somente durante algum tempo – num mundo cinzento de inquietude e desconforto, no qual não consegue ver claramente nem os acontecimentos físicos nem os astrais, mas capta vislumbres ocasionais de ambos como através de um mundo de denso nevoeiro, no qual ele vagueia, perdido e indefeso.

Não existe qualquer razão por que algum ser humano deva sofrer tal dissabor; mas ele teme que ao abrir mão desse fragmento de consciência possa perder toda a consciência para sempre – pode ser aniquilado; assim ele se agarra desesperadamente a isto que lhe foi deixado. No momento apropriado, porém, ele deve desistir, pois o duplo etérico começa a se desintegrar, e ele então desliza alegremente para uma vida mais plena e ampla.

Tais pessoas podem às vezes ser encontradas miseravelmente à deriva e até mesmo se lamentando no mundo astral, e uma das tarefas mais difíceis do auxiliar é persuadi-las de que elas nada têm a fazer senão esquecer o medo, relaxar a tensão, e permitir-se penetrar gentilmente na paz e no esquecimento de que tanto precisam. Elas parecem considerar tal sugestão como um náufrago distante da terra que recebesse a ordem para abandonar sua tábua de salvação, e confiar-se ao mar tempestuoso.

10º Os magos negros ou os seus discípulos: Pertencem, no outro extremo da escala, à nossa segunda classe de entidades mortas: discípulos que aguardam a sua reencarnação. Mas estes, em lugar de obter permissão para adotar um método não comum de progresso, tratam de violar as leis da evolução, mantendo-se no mundo astral, por meio de artes mágicas – por vezes de caráter horroroso.

As entidades desta classe poderiam ser subdivididas segundo o processo empregado e segundo a duração possível das suas existências neste plano. Mas, como elas não são de forma alguma objetos fascinantes de estudo, o ocultista precisa é saber a maneira de evitá-las. Parece-nos, portanto, mais interessante passarmos ao estudo de outra parte do nosso assunto. Deve-se, no entanto, frisar que qualquer criatura humana que tente prolongar assim a sua vida no Plano Astral, além dos limites naturais, só o pode conseguir à custa de outras, absorvendo suas vidas de uma forma ou outra.

ii – Não Humanos

Mesmo a um observador que superficialmente lançasse um olhar casual para a disposição das coisas terrestres, deve ter sido sempre evidente que estas não foram dispostas tal como existem, exclusivamente para nosso benefício, nem mesmo para nossa vantagem final, foi contudo inevitável que a raça humana, pelo menos na sua infância, imaginasse que este mundo, e tudo que nele contém, existia somente para nosso uso e proveito. Indiscutivelmente, é já chegado o tempo de arrancarmos o véu dessa ilusão infantil e de compreendermos a nossa verdadeira situação e os deveres que ela comporta.

A maioria de nós não fez isso; e provam-nos centenas de fatos da nossa vida diária, principalmente essa crueldade para com o reino animal, a qual sob o nome de esporte é praticada por pessoas que se julgam, decerto, requintadamente civilizadas.

O mais atrasado principiante na ciência do Ocultismo sabe que todas as vidas são sagradas, e que sem compaixão universal não há verdadeiro progresso. É somente depois de um pouco mais avançado nos seus estudos que ele reconhece a complexidade da evolução e o pequeno lugar que, comparativamente, o homem ocupa na economia da Natureza. Então fica claro para ele que, assim como a terra, o ar e a água nutrem miríades de formas de vida que, apesar de invisíveis a olho nu, se nos revelam ao microscópio, assim também os planos superiores, que têm ligação com a Terra, estão cheios de uma densa população, de cuja existência geralmente não nos apercebemos. Chegando a um grau mais adiantado de conhecimento, ele vai verificando que, de uma forma ou outra, todos os meios que podem contribuir para a evolução são aproveitados e que, quando julgamos ver na Natureza forças perdidas ou ocasiões não aproveitadas, a falha não é do Plano do Universo, mas de nossa falta de compreensão de seus métodos e intenções.

Em nosso estudo dos habitantes não humanos do Plano Astral, deixaremos de parte aquelas formas primitivas da vida universal, que se vão desenvolvendo de maneira pouco compreensível para nós, encerrando-se sucessivamente em átomos, moléculas e células. Porque, se começássemos pelo inferior dos chamados reinos elementais, teríamos de agrupar sob esta epígrafe geral um número enorme de habitantes do Plano Astral, que mal poderíamos tocar senão muito de leve, pois uma descrição detalhada faria este pequeno livro tomar proporções de uma verdadeira enciclopédia.

Parece-nos mais conveniente agrupar as entidades não humanas em quatro classes, entendendo-se que estas classes não constituem subdivisões relativamente pequenas, como as do capítulo anterior, porém cada uma delas abrange, pelo menos, um grande reino da Natureza; tão vasto e complexo como, digamos, o animal ou o vegetal. Dessas classes, umas estão consideravelmente abaixo da humanidade, outras são nossas iguais e outras ainda estão muito acima de nós em perfeição e poder. Umas pertencem à nossa linha de evolução, isto é, foram ou hão de vir a ser homens como nós, ao passo que outras evoluem numa direção distinta da nossa, por vias que lhes são próprias.

Antes, porém, de se entrar no seu estudo, devem fazer-se duas declarações, para que não se acuse este livro de ser demasiado incompleto. A primeira, é a de que não se farão referências aos Adeptos de ordem muito elevada, pertencentes a outros planetas do Sistema Solar, nem a outros ainda mais augustos visitantes, vindos de distâncias ainda maiores, visto que tais assuntos não podem ser tratados como cumpre num ensaio como este. De resto, é praticamente inconcebível, embora teoricamente seja possível, que seres de tanta glória desçam e venham manifestar-se num plano tão inferior e tão baixo como o Plano Astral. Mas se por qualquer razão tivessem de o fazer, formariam da matéria astral do nosso planeta um corpo temporariamente apropriado, tal qual o fazem os *Nirmānakāyas*.

A segunda observação é que, completamente à parte das quatro classes consideradas e sem a menor relação com elas, há outras duas grandes evoluções, coexistentes com a humanidade do nosso planeta. Mas nesta altura não é permitido dar quaisquer informações sobre elas, porque não está no plano geral que o homem tenha consciência da sua existência nem elas da existência do homem. Se alguma vez, por acaso, viéssemos a ter contato com elas, seria antes no Plano Físico, porque os laços que as ligam ao astral são muito fracos, visto que a única probabilidade do seu aparecimento lá pode apenas ser devida a um acidente, extremamente improvável, num ato de cerimônia de magia, cuja celebração, felizmente, apenas um reduzido número de feiticeiros sabe proceder. No entanto, esse acidente improvável já se deu uma vez, pelo menos, e pode dar-se outra vez, de modo que, se não fosse a proibição acima mencionada, deveriam ser incluídas em nossa lista.

1º *A Essência Elemental pertencente à nossa própria evolução.* – Assim como se têm agrupado sob a designação de "elemental", indistintamente quaisquer ou todos os estados possíveis do homem depois da morte, assim o termo "elemental" se tem usado em épocas diferentes para significar quaisquer ou todos os espíritos não humanos, desde os espíritos divinos dos *devas,* todas as variedades de espíritos da Natureza, até a ciência amorfa que permeia os reinos inferiores ao mineral. – Esta amplitude dada erradamente ao termo dá lugar a enormes confusões. Por isso, neste livro fica assente que a designação *essência elemental* se aplicará apenas a certas etapas da evolução da *essência monádica,* entendendo-se por esta "uma irradiação da força ou espírito divino através da matéria."

Estamos familiarizados com a ideia de que antes desta emanação [divina] chegar ao estágio da individualização na qual se forma o corpo causal do ser humano, ela passa através e anima, por sua vez, seis fases inferiores da evolução – animal, vegetal, mineral e três reinos elementais. Enquanto animava esses respectivos estágios, a imanação divina tem sido chamada de mônada animal, vegetal e mineral, embora esse termo pode gerar má interpretação, uma vez que, muito antes dessa emanação divina chegar, a quaisquer desses reinos, ela se tornou não uma, mas muitas mônadas. Adotou-se, porém, esse nome para indicar que, embora já se tivesse dado há muito a diferenciação na essência *monádica*, essa diferenciação ainda não chegara a tomar o caráter de uma individualização.

Semelhantemente, à essência *monádica* que age nos três grandes reinos elementais que precedem o mineral, chama-se "essência elemental". Entretanto, antes que a sua natureza e a maneira pela qual ela se manifesta possa ser entendida, é preciso compreender o método pelo qual o espírito se reveste a si mesmo em sua descida para a matéria.

Dizer que o espírito desce de um plano (chamemos-lhe n°1) para o plano imediatamente inferior (chamemos-lhe n° 2), é o mesmo que dizer que ele se reveste da matéria deste último, isto é, se enrola num véu de matéria do plano n° 2. Da mesma forma, se continuar a descer e passar ao n° 3, tem de se revestir da matéria do plano n° 3, e teremos, então (chamemos-lhe assim) um átomo cujo corpo ou invólucro exterior é formado por matéria do plano n° 3. A força que o anima, – a alma, por assim dizer – não está perfeitamente no mesmo estado em que se achava no plano n° 1, visto que terá, além da força divina que possuía, o véu de matéria do plano n° 2. Se continuar a descida até o plano n° 4, o átomo é ainda mais complexo, porque terá um corpo de matéria n° 4, animado por um espírito, já duas vezes velado – pelas matérias do n° 2 e do nº 3. Compreende-se, pois, facilmente, que, com a continuação deste processo, o qual se repete em cada subplano de cada plano do Sistema Solar, quando a força original chega ao nosso Plano Físico, acha-se já tão completamente velada por tantos graus de decrescente matéria, que não é de admirar que os homens não saibam reconhecer nela um espírito.

Suponhamos agora que a essência *monádica* sofreu este processo de revestimento sucessivo até chegar a rodear-se do nível atômico da matéria do Plano Mental e que, em vez de ir seguindo todas as subdivisões deste plano, mergulhou diretamente no Astral, animando ou agregando em volta de si um corpo de matéria astral atômica. A combinação resultante será a essência elemental do Plano Astral, pertencente ao terceiro dos grandes reinos elementais – que precede imediatamente o mineral.

No decurso das suas duas mil quatrocentas e uma diferenciações no Plano Astral, atrai a si numerosas e variadas combinações das várias subdivisões deste. Mas são todas temporárias, e no fundo o que fica é um reino cuja característica é ser constituído por essência *monádica* que, na sua descida, evoluiu apenas até o nível atômico do Plano Mental e se manifesta através da matéria atômica do Plano Astral.

Os dois reinos elementais superiores existem e funcionam, respectivamente, nos níveis superior e inferior do Plano Mental; mas não nos ocuparemos deles agora.

Falar, como frequentemente se faz, de *um* elemental, quando nos referimos ao grupo que estamos considerando, é um tanto errôneo, porque propriamente é coisa que não existe. O que encontramos é um vasto reservatório de essência elemental extraordinariamente sensível ao mais fugitivo pensamento humano, e respondendo com inconcebível delicadeza, numa infinitésima fração de segundo, a qualquer vibração que a aflore, mesmo que essa vibração seja o produto *inconsciente* de qualquer desejo ou vontade do homem.

Mas a partir do instante em que, sob a influência de tal pensamento ou manifestação da vontade, ele se transforma numa força viva – naquilo que neste caso se pode descrever como *um* elemental – imediatamente deixa de pertencer à categoria que estamos estudando e passa a pertencer à classe dos artificiais. Esta existência separada é, aliás, em geral, extraordinariamente passageira; mal a força impulsionadora se esgota, o elemental volta à massa não diferenciada da subdivisão particular de essência elemental de onde veio.

Seria enfadonho catalogar todas estas subdivisões, mas ainda que organizássemos uma lista completa, esta só seria compreensível para o estudante que as conheça por experiência, e pode evocá-las e compará-las. Pode-se, no entanto, sem grande trabalho, esboçar as linhas gerais da classificação, o que não deixa de ser interessante.

Vem em primeiro lugar a vasta divisão que deu o nome aos elementais, baseada na espécie da matéria que habitam.

Aqui, como em tudo, revela-se o caráter septenário da nossa evolução, porque aparecem sete grupos principais, relacionados com os sete estados da matéria física – "terra, água, ar e fogo", ou, traduzindo o simbolismo medieval na correção de expressão moderna, sólido, líquido, gasoso e os quatro estados etéricos.

É comum falar-se com piedade e desprezo dos alquimistas da Idade Média, por darem o nome de "elementos" a substâncias que a Química moderna reconheceu serem compostas. Todavia, não há razão para isso, porque o seu conhecimento deste assunto era maior, e não mais restrito, do que o nosso. Podem ou não ter catalogado as oitenta ou noventa[12] substâncias a que agora chamamos elementos, mas decerto não lhes deram esse nome porque bem sabiam, dos seus estudos ocultos, que nesse sentido da palavra havia apenas um elemento, do qual os nossos corpos simples de hoje e todas as outras formas de matéria eram apenas modificações – verdade de que alguns dos maiores químicos modernos começam a suspeitar.

O fato é que neste caso particular a análise dos nossos desprezados antepassados foi muito mais além do que a nossa. Compreenderam e chegaram a observar o éter que a moderna ciência apenas admite por uma questão de necessidade absoluta para as suas teorias. Sabiam que o éter é constituído por matéria física em quatro estados distintos acima do gasoso – fato que não tornou ainda a ser descoberto. Estavam cientes de que todos os objetos físicos são formados de matéria em qualquer um destes sete estados, e que na composição dos corpos orgânicos entra maior ou menor porção de matéria de todos esses sete estados. Daí o fato de falarem eles dos seus humores – ígneos e aquosos, ou elementos, expressões que tão grotescas nos parecem. Mas é evidente que a palavra "elemento" era apenas usada como sinônimo de "partes constituintes", sem se

---

[12] Atualmente a Tabela Periódica contém 118 elementos posicionados em ordem crescente de número atômico. (Nota Ed. Bras.)

lhe querer ligar à ideia de substâncias insusceptíveis de maior redução. Sabiam ainda que cada uma destas ordens de matéria fornece uma base de manifestação a uma grande classe de essência *monádica* em via de evolução e chamaram a essa essência "elemental".

O que devemos tentar compreender é que em cada partícula de matéria sólida, enquanto sólida, reside, servindo-nos da pitoresca expressão dos escolares da Idade Média, um elemental térreo – isto é, certa porção de essência elemental viva que lhe é própria, e igualmente em cada partícula de matéria, no líquido, gasoso, ou etérico, residem os "elementais" específicos, respectivos. Deve-se notar que esta primeira larga divisão do terceiro dos reinos elementais é, por assim dizer, uma divisão no sentido horizontal – isto é, as suas classes respectivas estão quase no mesmo nível de materialidade, passando-se de umas para as outras por declive quase imperceptível. E pode-se compreender como cada uma destas classes pode ainda ser dividida "horizontalmente" em outras sete, visto haver, como é notório, muitos graus de densidade entre sólidos, líquidos e gasosos.

Há, contudo, uma outra divisão a que se pode chamar "perpendicular". Talvez esta seja um pouco mais difícil de compreender, sobretudo por causa da grande reserva mantida pelos ocultistas em relação a alguns dos fatos para cuja compreensão seria necessária uma explicação detalhada. O que se pode dizer de mais claro é que em cada uma das classes e subclasses horizontais se acham sete tipos perfeitamente distintos de elemental, cujas diferenças já não são uma questão de grau de materialidade, mas, sim, de caráter e afinidade. Cada um destes tipos reage sobre os outros a tal ponto que, embora não possa haver intercâmbio de essências, em cada um se encontram sete subtipos distintos uns dos outros pela coloração que lhes dá a influência a que obedecem mais prontamente.

Vê-se bem que esta divisão perpendicular, e as suas subdivisões, diferem inteiramente das horizontais no fato de serem fundamentais e mais permanentes, visto que, em virtude das leis da sua evolução, todo o reino elemental deve passar com quase infinita lentidão através de todas as suas classes e subclasses horizontais em sucessão, e portanto pertencem a todas elas em seu turno, mas isso não ocorre em relação aos tipos e subtipos que permanecem imutáveis nessa longa jornada.

É necessário não perder de vista, para bem se compreender esta evolução elemental, que ela se está realizando no que se tem chamado "a curva descendente do arco da evolução", isto é, caminha *em direção* à materialização completa que observamos no reino mineral em vez de se *afastar* dela como acontece em quase todas as evoluções de que sabemos alguma coisa. E assim, o progresso neste caso quer dizer descida para a matéria e não ascensão para planos mais elevados; este fato dá a nossos olhos uma aparência singular de anomalia enquanto não se lhe compreende o objetivo.

É necessário que o estudante tenha este fato sempre bem presente em sua mente, se não quiser tropeçar a cada passo com anomalias semelhantes que o deixarão por vezes legitimamente perplexo.

A despeito destas numerosas subdivisões, todas as variedades desta essência, de vida tão estranha, têm certas propriedades comuns, mas de tal modo diferem de tudo que estamos habituados a ver no Plano Físico, que se torna extremamente difícil explicá-las a quem nunca as viu em ação.

Admitamos primeiro que, quando qualquer porção desta essência se encontre momentaneamente ao abrigo de qualquer influência externa (o que aliás dificilmente se pode realizar), não possui nenhuma forma particular apesar de se manter num movimento contínuo de grande rapidez. Mas à menor perturbação provocada, por exemplo, por qualquer corrente de pensamento que passe, precipita-se imediata- mente numa confusão de formas, continuamente móveis, que mudam constantemente; precipitam-se e desaparecem, como as bolhas de vapor à superfície da água em ebulição.

Embora estas aparições fugidias se assemelhem de ordinário a criaturas viventes, humanas ou não, não constituem entidades separadas, como acontece às vagas igualmente mutáveis e variáveis que afloram momentaneamente à superfície de um lago tranquilo açoitado por um furacão. Parece que são simples reações das vastas reservas armazenadas no Plano Astral; mas um exame mais atento permitirá descobrir nelas uma certa relação com o pensamento que as evocou, quase sempre grotescamente desfigurado, com um aspecto terrificante e desagradável.

Mas qual será o gênero de inteligência que decide da formação ou deformação? Como não se trata aqui do elemental, persistente e poderoso, criado por um pensamento forte e definido, mas do resultado produzido pela corrente de pensamentos involuntários e semiconscientes, que todos nós deixamos percorrer o cérebro, sem saber por que nem para que, essa inteligência não provém, evidentemente, da mente do pensador. À essência elemental, em si, não podemos também atribuí-la, visto que essa pertence a um reino ainda mais afastado da individualização do que o mineral, sem qualquer coisa do despertar das qualidades mentais.

Contudo, possui uma tão extraordinária capacidade de adaptação que, muitas vezes, parece aproximar-se de qualquer coisa mental, e foi sem dúvida esta sua propriedade que fez que os elementais fossem classificados num dos nossos primeiros livros como "criaturas semi-inteligentes da luz astral". Quando nos ocuparmos da classe dos artificiais, acharemos mais provas desta faculdade. Quando se diz que um elemental é bom ou mau, é porque se trata ou de uma entidade artificial ou de uma das variedades dos espíritos da Natureza, porque os reinos elementais não admitem concepções de qualquer espécie do que é bom e do que é mau.

Apesar disso nota-se, em quase todas as subdivisões, uma tendência para as tornar hostis ao homem. Todos os neófitos sabem disso, porque a primeira impressão que todos têm do Plano Astral é a presença de hordas imensas de espectros proteus que se precipitam ao seu encontro com um ar ameaçador, porém que recuam ou desaparecem quando encarados corajosamente. É, pois, a esta tendência curiosa que se devem atribuir as deformações e o aspecto desagradável de que se falou, e dizem-nos os escritores medievais que se elas existem, a culpa é exclusivamente do homem.

Nas idades de ouro que precederam esta nossa época cheia de sordidez, os homens eram, na sua totalidade, menos egoístas e mais espirituais, e por isso os elementais eram mais amáveis. Se agora já o não são, é devido à indiferença e à falta de empatia dos homens para com os outros seres vivos.

Pela maravilhosa sensibilidade ou sutileza com que a essência elemental responde à mais tênue solicitação dos nossos pensamentos e dos nossos desejos, conclui-se que este reino, no seu conjunto, é um produto do pensamento coletivo da humanidade. Ora, carecendo este pensamento de elevação, sendo na sua generalidade baixo, egoísta e mesquinho, não é de admirar que essa essência, desprovida de recepção consciente, que recebe e reflete cegamente tudo o que nela se projeta, mostre um caráter tão pouco hospitaleiro: colhemos o que semeamos, eis tudo.

Tudo leva a crer que em futuras raças, quando a humanidade tiver progredido e alcançado um nível superior, os reinos elementais, sob a ação constante da influência do nosso pensamento purificado, deixarão a sua atual atitude de hostilidade e se tornarão dóceis e serviçais, como se prevê também para o reino animal. Fosse como fosse o passado, temos o direito de esperar uma *idade de ouro* no futuro, se vier um tempo em que a maioria dos homens se torne generosa e altruísta, e chame a si dessa maneira a cooperação voluntária e benevolente das forças da Natureza.

O fato de nós podermos influenciar tão acentuadamente os reinos elementais, prova-nos que somos responsáveis pela maneira como usamos essa influência. E de fato, quando se olham atentamente as condições da sua existência, é evidente que o resultado produzido sobre eles pelos pensamentos e desejos de todos os seres inteligentes que habitam o mesmo mundo que eles, deve ter sido calculado no plano geral do nosso sistema, como um fator da sua evolução.

Apesar da insistência dos ensinamentos de todas as grandes religiões, a grande massa da humanidade não se preocupa com as responsabilidades que tem no mundo dos pensamentos. Qualquer indivíduo que se possa gabar de nunca ter pecado por palavras ou por obras, considera-se inocente e inofensivo, e julga ter feito pelos outros tudo o que dele se pode exigir, sem lembrar-se de que durante anos exerceu, com os seus maus pensamentos, uma influência deprimente e degradante no espírito dos que o cercam, e encheu o seu ambiente com as criações malfazejas de espíritos sórdidos. Esta questão reveste ainda um caráter mais sério a propósito dos elementais artificiais, como veremos; mas para a essência elemental, é suficiente acentuar que todos nós temos a faculdade de lhe retardar ou acelerar a evolução, segundo o uso consciente ou inconsciente que dela fizermos.

Os estreitos limites deste livro não nos permitem explicar os diferentes usos que um homem treinado no seu manejo pode fazer das forças inerentes às variedades de essência elemental. É quase exclusivamente no seu aproveitamento que se funda a maior parte das cerimônias de magia, quer pela aplicação direta da vontade do mago, quer por intermédio de qualquer entidade astral que ele evoque para esse fim. São elas ainda as intermediárias de todos os fenômenos físicos provocados nas sessões espíritas, e os agentes que provocam o lançamento de pedras e o ressoar de campainhas nas casas em que se diz aparecerem fantasmas, fatos muitas vezes devidos aos esforços desastrados de qualquer pessoa morta, ainda muito ligada à Terra, para despertar a atenção dos que lhe interessam ou as simples garotices dos espíritos menores de que falamos na terceira classe. Não é nunca o "elemental" que procede por si mesmo, porque não passa de uma força latente que, para atuar, precisa de um poder exterior que o ponha em ação.

Note-se que, embora todas as classes da essência ele- mental tenham a faculdade de refletir as imagens da luz astral, há, contudo, umas que recebem mais facilmente um certo número de impressões que outras, parecendo ter formas favoritas que, em caso de perturbação, procuram para se revestir, a não ser que sejam absolutamente forçadas a tomar outras, que, neste caso, são ainda mais fugitivas do que de costume.

Antes de deixar esta parte do assunto, é necessário prevenir o estudante contra qualquer confusão entre a essência elemental, de que acabamos de tratar, e a essência *monádica* que se manifesta no reino mineral. A essência *monádica*, na sua marcha evolutiva para a humanidade, começa por se manifestar no reino elemental, e só mais tarde, num grau mais adiantado de evolução, é que se manifesta no mineral. E o fato de dois corpos distintos de essência *monádica* nestes dois graus diferentes se manifestarem no mesmo momento, isto é, uma destas manifestações, um elemental da terra, ocupar o mesmo espaço que a outra manifestação, fixar mesmo residência numa rocha, por exemplo, não constitui de modo algum um obstáculo à evolução de qualquer um deles, nem implica qualquer espécie de conexão entre os corpos de essência *monádica* que existem dentro deles.

2º *Os Corpos Astrais dos Animais.* – Apesar de extraordinariamente numerosa, esta classe ocupa um lugar relativamente subalterno no Plano Astral, visto ser sempre muito curta a permanência nesse plano dos membros que a compõem. Os animais, na sua grande maioria, não adquiriram ainda, até hoje, uma individualização permanente, e quando morrem, a essência *monádica* que os animava volta ao *stratum* especial donde veio, levando com ela a experiência ou o desenvolvimento que pôde adquirir durante a vida do animal. Isso, porém, não se faz imediatamente; o corpo astral do animal sofre o mesmo processo que o do homem, e conserva no Plano Astral uma existência real cuja duração, nunca longa, varia segundo a inteligência que o animal desenvolveu. Geralmente, essa existência não passa de uma espécie de consciência de sonho, impregnada, ao que parece, de perfeita felicidade.

Quanto aos raros animais domésticos que já atingiram a individualização e que, por conseguinte, não mais voltam a este mundo sob a forma de animal, esses têm uma vida astral mais longa e mais ativa, caindo, por fim, pouco a pouco, num estado subjetivo que, certamente, dura por muito tempo. Os macacos antropoides, de que se fala em *The Secret Doctrine* (*A Doutrina Secreta*), Vol I [do original em inglês], que já atingiram a individualização e em breve, na próxima ronda, irão reencarnar na humanidade, formam uma das subdivisões mais interessantes desta classe.

3º *Os Espíritos da Natureza de Todos os Tipos* – Compreende esta classe subdivisões tão numerosas e tão variadas que, se lhes pudéssemos dar o lugar que merecem, só sobre elas teríamos de escrever um enorme tratado. Iremos nos limitar, para poder fazer uma ideia, a indicar as que têm características comuns.

Para começar, diremos, o que aliás é evidente, que estas entidades diferem radicalmente de todas as outras, que até aqui temos considerado. Apesar de termos o direito de classificar a essência elemental e o corpo astral dos animais como não humanos, é certo também que a essência *monádica* que os anima há de, com o tempo, atingir o nível de evolução em que possa manifestar-se numa humanidade futura, comparável à nossa. E se pudéssemos rever o caminho percorrido pela nossa própria evolução, através dos ciclos mundiais passados, veríamos que aquilo que agora é o nosso corpo causal passou na sua senda de ascensão por estágios semelhantes.

Não sucede, porém, o mesmo no vasto reino dos espíritos da Natureza; nem nunca foram, nem são, nem hão de ser membros de uma humanidade, como a nossa, visto a linha da sua evolução ser completamente diferente da nossa; e se alguma relação têm conosco, provém simplesmente do fato de ambos ocuparmos, temporariamente, o mesmo planeta. É claro que, visto sermos vizinhos, embora por pouco tempo, devemos manter com eles as melhores relações de boa vizinhança; mas o nosso desenvolvimento realiza-se por caminhos tão diferentes que pouco ou nada podemos fazer uns pelos outros.

Há escritores que classificam estes espíritos entre os elementais, e realmente são os elementais (ou, mais propriamente, os animais) de uma evolução superior. Apesar de mais desenvolvidos do que a nossa essência elemental, eles têm, contudo, algumas características que lhes são comuns; assim, por exemplo, estão divididos em sete grandes classes, que ocupam, respectivamente, os mesmos sete estados de agregação da matéria, a que nos referimos dizendo que cada um deles era permeado pela variedade correspondente de matéria. Há, portanto, para nos referirmos àqueles que melhor poderemos compreender, espíritos da terra, do ar, da água, e do fogo (ou do éter) – entidades astrais, dotadas de inteligência definida, que habitam e funcionam em cada um desses meios.

Não é de admirar a estranheza de muita gente que não compreende como se pode viver num meio tão sólido, como, por exemplo, uma rocha ou a crosta terrestre. Mas é fácil de entender se compreendermos que esses espíritos são formados de matéria astral e, portanto, a substância constituinte da rocha não é obstáculo ao seu movimento nem mesmo à sua visão. Ainda mais, é precisamente na matéria física no estado sólido que eles se acham no seu elemento, – é mesmo aquilo a que estão habituados e onde se sentem, por assim dizer, como em sua casa. E o mesmo se poderia dizer dos que vivem na água, no ar ou no éter.

Na literatura medieval, a estes espíritos da terra davam o nome de gnomos; aos da água, ondinas; aos do ar, silfos, e aos do éter, salamandras. Na linguagem popular existe uma grande variedade de nomes: fadas, *pixies*, *brownies*, duendes, *trolls*, sátiros, faunos, etc., termos que ora se aplicam apenas a uma variedade, ora a todas.

Apresentam-se sob muitas e variadas formas, porém mais geralmente sob a forma humana, com estatura reduzida. Como quase todos os habitantes do Plano Astral, podem tomar a aparência que quiserem, mas têm, evidentemente, formas definidas, que lhes são peculiares e próprias, ou antes, formas prediletas de que se revestem quando não têm necessidade de tomar qualquer outra especial. Em geral, são invisíveis à visão física, mas têm a faculdade de materializar-se quando querem ser vistos.

Entre eles há numerosíssimas subdivisões ou raças, os indivíduos pertencentes a cada uma delas são diferentes em inteligência e em disposição, precisamente como os seres humanos. Em sua maioria evitam o homem, visto que para eles são detestáveis os hábitos e as emanações humanas, e os vícios e desejos desordenados da humanidade põem em ação correntes astrais que os perturbam. No entanto, não faltam exemplos de casos em que os espíritos da Natureza se têm interessado amigavelmente por seres humanos, ajudando-os e protegendo-os, como nas conhecidas histórias das *brownies* escocesas e das fadas acendedoras de fogo mencionadas na literatura espírita[13].

Esta atitude de benevolência é, contudo, relativamente rara e, em geral, quando entram em contato com o homem, mostram-se antes indiferentes ou contrariados, e têm mesmo certo prazer em enganá-lo ou em fazer-lhe verdadeiros truques infantis. Há muitas histórias curiosas entre gente do campo, e em todos os distritos montanhosos afastados há uma fecunda tradição acerca dos "espíritos malignos". E todos os

---

[13] Vide *Spirit Workers in the Home Circle* (*Trabalhadores Espirituais no Círculo Doméstico*), de Morell Theobald.

que têm assistido a sessões de Espiritismo, demonstrativas de fenômenos físicos, devem ter presenciado os gracejos tolos e as brincadeiras, aliás sem maldade, que quase sempre indicam a presença de algum representante das ordens inferiores dos espíritos da Natureza.

O que principalmente os ajuda, nestas farsas, é a maravilhosa faculdade que possuem de lançar um "encanto" sobre os indivíduos que cedem à sua influência, de modo que as suas vítimas apenas veem e ouvem, enquanto o encanto dura, o que os espíritos lhes imprimem, tal qual acontece às criaturas hipnotizadas, que apenas veem, ouvem, sentem e creem naquilo que o magnetizador deseja.

Todavia, os espíritos da Natureza não têm, como os hipnotizadores, a faculdade de dominar a vontade humana, a não ser quando se trate de temperamentos exageradamente fracos ou de vontades paralisadas por um grande terror. Apenas podem produzir ilusões dos sentidos, arte em que são indiscutivelmente mestres, e há mesmo casos em que esse "encanto" tem sido exercido satisfatoriamente sobre uma assistência numerosa. Assim, é evocando o seu auxílio que os prestidigitadores hindus conseguem muitos dos seus efeitos maravilhosos, visto que o espírito evocado alucina de tal modo os espectadores que estes se convencem de que ouvem e veem coisas que realmente não passam de ilusões dos seus sentidos e nunca aconteceram.

Poderíamos considerar os espíritos da Natureza como uma espécie de humanidade astral, se não fosse o fato de nenhum deles – nem o mais elevado – possuir uma individualidade permanente que reencarne. Evidentemente, portanto, um ponto no qual a linha de evolução deles se distingue da nossa é que uma proporção muito maior de inteligência é desenvolvida antes que a individualização permanente tenha lugar, mas nós podemos conhecer pouco a respeito dos estágios pelos quais eles passaram e terão de passar.

Os períodos de existência das diferentes subdivisões variam muito, desde muito curtos, até muito maiores que o de nossas vidas. Mas estamos tão longe do seu gênero de vida que nos é impossível compreender como ela seja; porém tem-se a impressão de que devem levar uma existência simples, alegre e despreocupada, como levaria um grupo de crianças rodeadas de condições físicas excepcionalmente favoráveis.

Apesar de enganadores e travessos, é raro serem mal-intencionados, a não ser que sejam provocados por alguma intrusão ou aborrecimento mas, no seu conjunto, parecem compartilhar do sentimento universal de desconfiança, inspirado pelo homem, e é geralmente com a maior frieza, e sob um aspecto desagradável e terrificante, que recebem os recém-chegados ao Plano Astral. Mas se o neófito se mostra despreocupado diante deles e não se deixa amedrontar com as aberrações deles, em breve aceitam o novo companheiro como um mal irremediável e nunca mais fazem caso dele, e até alguns acabam por viver com certos habitantes astrais na melhor das harmonias, manifestando prazer no seu encontro.

Entre as numerosas subdivisões desta classe, há algumas menos infantis e mais respeitáveis do que as entidades de que tratamos até aqui. São essas que têm inspirado as entidades veneradas como as "fadas dos bosques", os "anjos bons" das aldeias, etc. Essas entidades costumam ser absolutamente sensíveis às homenagens e lisonjas que se manifestam no culto que os seus admiradores lhes prestam, e não se recusariam a prestar aos seus fiéis qualquer pequeno serviço que lhes fosse pedido (o "anjo bom" das aldeias é também muitas vezes uma entidade artificial, tema que nos ocuparemos nas páginas seguintes).

O Adepto pode e sabe utilizar os serviços dos espíritos da Natureza, quando deseja, mas os feiticeiros comuns apenas podem obter da parte deles algum auxílio por meio da invocação ou evocação – isto é, suplicando-lhes a sua atenção em troca de qualquer promessa, ou tentando manejar influências que os reduzam à obediência. Qualquer um dos processos é extremamente condenável, e o segundo é muito perigoso, visto que o operador, para se fazer obedecer, recorre a meios que provocam da parte do espírito coator um sentimento de hostilidade e de ressentimento que lhe pode ser fatal. É desnecessário acentuar que a ninguém que se dedique ao Ocultismo sob a direção de um Mestre é permitida tal prática.

4º *Os Devas.* – O mais alto sistema de evolução que tem relação com a Terra é, que se saiba, a dos seres a que os hindus chamam de *devas*, e no Ocidente, "anjos", "filhos de Deus", etc. Podem ser considerados como formando o reino imediatamente superior ao reino humano, assim como este está imediatamente acima do animal, mas com a diferença importantíssima de que o animal não tem, que saibamos, possibilidade de evolução exceto para o homem, que é o único a ver abrir-se diante de si, logo que alcança um certo nível, várias sendas de progresso, uma das quais é a da grande evolução dos *devas*.

Comparada com a sublime renunciação dos *Nirmānakāyas*, a escolha desta linha de evolução é por vezes classificada com a expressão *"ceder à tentação de vir a ser um deus"*, mas nisso não há a menor sombra de censura. Não é o caminho mais curto, mas é evidentemente um dos mais nobres, e se a intuição, largamente desenvolvida, de um ser humano o impele a segui-lo, é porque certamente é o caminho que mais convém às suas capacidades. Não devemos nunca esquecer que, à semelhança do que acontece com uma ascensão física, nem todos os que desejam subir espiritualmente têm a força e a coragem de escolher o caminho mais íngreme. Pode haver muitos para quem o único caminho praticável seja o mais lento e demorado, e nós não seríamos discípulos dignos dos nossos grandes Mestres se, em nossa ignorância, nos deixássemos dominar por qualquer pensamento de desprezo por aqueles cuja escolha é diferente da nossa.

Seja o que for que a nossa ignorância nos faça pensar hoje acerca das dificuldades do futuro, no atual estado de adiantamento da evolução, é nos impossível saber o que seremos capazes de fazer quando, depois de muitas vidas de esforços, alcançarmos o direito da escolha do nosso futuro. Com efeito, mesmo os que "cedem à tentação de vir a ser deuses" têm perante si uma carreira suficientemente gloriosa, como vamos ver. Para evitar possíveis mal-entendidos, diga-se, entre parênteses, que em muitos livros se dá um sentido completamente errado à frase "tornar-se um deus", mas nessa forma não poderia haver qualquer espécie de "tentação" para o homem desenvolvido, e em qualquer caso não tem a menor relação com este assunto.

Na literatura oriental, a palavra *Deva* é amiúde usada vagamente para designar quase toda espécie de entidades não humanas, de modo que muitas vezes se refere, por um lado, às grandes divindades e, por outro, aos espíritos da Natureza e aos elementais artificiais. Nós, contudo, empregamo-la somente em referência aos membros da grandiosa evolução, objeto do nosso estudo.

Apesar de relacionados com esta Terra, os anjos [*devas*] não estão confinados aos seus limites, pois o conjunto da nossa presente cadeia de sete mundos forma para eles um mundo só, em virtude de a evolução deles ter de percorrer um grande sistema de sete mundos. As suas hostes têm até aqui sido recrutadas principalmente entre outras humanidades do Sistema Solar, umas superiores, outras inferiores à nossa. Desta, apenas uma pequeníssima minoria tem atingido o nível a que precisamos chegar para ser-nos possível pertencer a tão elevada categoria. Mas parece certo que algumas das suas numerosas classes não passaram, no caminho do seu progresso ascensional, por nenhuma humanidade comparável à nossa.

Não é possível para nós no presente compreender muito a respeito deles, mas aquilo que podemos descrever como sendo ser a meta da sua evolução é consideravelmente mais elevada que a nossa. Isto é, ao passo que o objetivo da evolução humana é erguer a porção da humanidade que não desperdiçou os seus esforços, a certo grau de desenvolvimento oculto no fim da sétima ronda, o objetivo da evolução *dévica* é erguer as suas classes mais adiantadas, as suas categorias superiores, dentro do período correspondente, a um grau ainda mais elevado. Perante eles, como perante nós, está patente um caminho mais íngreme, porém mais curto, que conduz aqueles que trabalharam com séria convicção e esforço persistente, a alturas ainda mais sublimes; porém que alturas são essas, é-nos impossível precisar.

Em relação com o Plano Astral, apenas podemos mencionar as categorias inferiores dessa augusta legião. A três grandes divisões inferiores (começando de baixo) chamam-se geralmente *Kāmadevas*, *Rūpadevas* e *Arūpadevas*. O corpo mais inferior de que um *Kāmadeva* se pode revestir é o astral, como para nós é o físico. De forma que está numa situação análoga àquela em que estará a humanidade quando atingir o planeta "F". Portanto, vivendo normalmente no corpo astral, é do mental que se reveste quando quer passar a esferas superiores, tal qual nós ao passarmos do físico para o astral. E se quiser entrar num corpo causal, pouco mais esforços terá a fazer (estando, é claro, suficientemente desenvolvido) do que nós para entrarmos no mental.

Da mesma forma, o *Rūpadeva* vive normalmente no corpo mental, visto que o seu *habitat* é nos quatro níveis inferiores, ou subplanos *rūpa* do Plano Mental; por sua vez o *Arūpadeva* pertence aos três subplanos superiores e o seu corpo mais material é o causal. Mas a manifestação dos *Rūpadevas* e dos *Arūpadevas* no Plano Astral é tão extremamente rara como a materialização no Plano Físico das entidades astrais, de forma que não há necessidade de nos referirmos a eles neste trabalho sobre o Plano Astral.

Com respeito à divisão inferior – os *Kāmadevas* – seria um erro considerá-los incomensuravelmente superiores a nós, visto que muitos vieram de uma humanidade, em muitos aspectos, menos avançada que a nossa em desenvolvimento.

A média dos *Kāmadevas* é, em geral, superior à nossa, porque tudo que neles poderia haver de mau, há muito que foi expurgado das suas fileiras; mas sua disposição varia muitíssimo, de modo que pode haver entre nós indivíduos que, pela sua nobreza, altruísmo e elevação espiritual, ocupem na escala da evolução um grau mais elevado do que alguns deles.

Pode-se atrair-lhes a atenção por meio de certas evocações mágicas, mas a única vontade humana que os pode dominar é a de uma classe elevada de Adeptos. Em geral, eles têm uma pequena consciência de nós, no Plano Físico, mas acontece uma vez ou outra que um deles, tendo conhecimento de qualquer dificuldade humana, que lhes causa compaixão, venha em auxílio do homem, como qualquer de nós faria a um animal que víssemos aflito. Mas no estado presente da evolução, qualquer interferência da parte deles seria, entenda-se bem, mais prejudicial que benéfica.

Acima dos *Arūpadevas* há ainda quatro outras grandes divisões, e ainda acima e para além do reino angélico [*devas*] estão as grandes hostes dos Espíritos Planetários, espíritos gloriosos, cuja consideração estaria deslocada neste livro sobre o Plano Astral.

Conquanto não possamos afirmar que pertençam exatamente a qualquer uma de nossas classes, este é, talvez, o melhor lugar para mencionar os admiráveis e importantes seres, que são os quatro *Devarājas*. Neste nome a palavra *deva* não deve ser tomada no mesmo sentido em que a temos usado até aqui, pois não é o reino dos *devas*, mas sim dos quatro "elementos", da terra, da água, do ar e do fogo, com seus internos habitantes, os espíritos da Natureza e as essências, que estes quatro Reis governam. Acerca das etapas de evolução que eles seguiram até chegar à presente culminância de poder e sabedoria, nada sabemos; apenas podemos afirmar que o caminho da sua evolução não tem nada de correspondente em nossa humanidade.

Eles são chamados também Regentes da Terra, e Anjos dos quatro pontos cardeais, e os livros hindus chamam-lhes os Chatur Mahārājas, dando-lhes os nomes de Dhritarāshtra, Virudhaka, Virupaksha e Vāishrāvana. Nos mesmos livros, as suas hostes elementais são chamadas Gandharvas, Kumbhandas, Nāgas e Yakshas, respectivamente, sendo os pontos cardeais próprios de cada um, Leste, Sul, Oeste e Norte, e as respectivas cores simbólicas branco, azul, vermelho e dourado. *A Doutrina Secreta* descreve-os como "globos alados e rodas de fogo", e na Bíblia cristã, Ezequiel, ao tentar descrevê-los, serve-se de expressões muito semelhantes. Não há religião alguma que na sua simbologia não se refira a eles, tendo sido sempre objeto da mais fervorosa reverência como protetores da humanidade.

São eles os Agentes do *Karma* do homem durante a vida terrena, representando, por isso, um papel da mais alta importância nos destinos humanos. As grandes divindades *kármicas* do Cosmos (chamadas em *A Doutrina Secreta: Lipikas*) pesam as ações de cada personalidade quando, no fim da vida astral, se realiza a separação final dos seus princípios, dando, por assim dizer, o molde para um duplo etérico, exatamente apropriado ao *karma* dessa personalidade para o próximo nascimento físico. Mas são os *Devarājas*, senhores dos "elementos", de que esse duplo etérico se compõe, que os combinam nas proporções convenientes, de modo a realizar rigorosamente as intenções dos *Lipikas*.

São eles também que durante a vida inteira estão vigilantes, para contrabalançar as mudanças que o livre-arbítrio do homem e dos que o cercam introduzem continuamente na sua situação, a fim de que o *karma* possa esgotar-se de uma forma ou outra, mas sempre sob a ação da mais reta justiça.

Em *The Secret Doctrine* (*A Doutrina Secreta*) Vol. I [do original em inglês], encontra-se uma erudita dissertação sobre estes seres maravilhosos, que podem materializar-se à vontade com formas humanas, conhecendo-se alguns casos que isso tem sucedido.

Todos os espíritos superiores da Natureza e legiões de elementais artificiais são seus agentes na estupenda tarefa que lhes está distribuída, mas são os *Devarājas* que têm todos os fios nas mãos e os únicos responsáveis pela sua obra. Poucas vezes se manifestam no Plano Astral, mas quando o fazem, são, decerto, os mais notáveis dos seus habitantes não humanos. Qualquer ocultista adivinhará que, assim como há sete classes de espíritos da Natureza e de elementais, deve haver também sete e não quatro *Devarājas*; mas para além do círculo dos Iniciados pouco ou nada se sabe dos três primeiros, e, além disso, não se pode fazer revelações a seu respeito. Ficaremos, pois, por aqui, e passaremos a ocupar-nos dos habitantes artificiais do Plano Astral.

iii – Artificiais

Exclusivamente produto da criação do homem, esta classe, a mais numerosa das entidades astrais, tem uma excepcional importância, visto a sua ação sobre o homem se manifestar direta e incessantemente graças aos estreitos laços *kármicos* que o acorrentam a ela. É uma massa enorme, mal definida, de entidades semi-inteligentes, tão diferentes umas das outras como os pensamentos humanos, e praticamente insuscetíveis de qualquer combinação ou arranjo metódico. A única divisão que se pode fazer é pondo de um lado os elementais artificiais criados inconscientemente pela maioria da humanidade, os criados com qualquer intenção pelos feiticeiros ou magos, e ainda o pequeno número de entidades criadas artificialmente e que não entram na categoria de elementais.

1° *Elementais criados inconscientemente.* – Já se disse que a essência elemental que nos rodeia por todos os lados é, nas suas inúmeras variedades, singularmente suscetível à influência do pensamento humano. Já nos referimos mesmo ao fato de qualquer pensamento, por mais vago, impreciso e ocasional, obrigar essa essência a tomar formas nebulosas e efêmeras que se agitam como nuvens em constante movimento. Resta-nos agora considerar a forma como essa essência é afetada quando o espírito humano faz incidir sobre ela um pensamento, ou um desejo preciso e intencional. O efeito produzido é flagrante. – O pensamento apodera-se da matéria plástica e molda-a instantaneamente num ser vivo de forma apropriada – ser que uma vez criado, não fica de modo nenhum sob a influência do seu criador, mas vive uma vida sua, cuja duração é proporcional à intensidade do pensamento, ou desejo, que o gerou. De fato, dura enquanto a força-pensamento que o criou lhe mantém a coesão. Assim, os pensamentos da humanidade são em sua maioria tão imprecisos e fugidios que os elementais por eles criados vivem apenas minutos ou horas; mas um pensamento repetido ou um desejo convictamente formulado, geram um elemental cuja existência pode durar dias.

Como a maior parte dos pensamentos do homem dizem, em geral, respeito ao próprio homem, os elementais que ele forma ficam em suspensão em volta dele, e tendem a provocar a repetição da ideia que representam, visto essas repetições, em vez de criar novos elementais, concorrerem para fortificar os antigos e outorgar-lhes, por assim dizer, mais tempo de vida. Um homem que, por exemplo, acalente demoradamente um desejo, forma para si mesmo uma espécie de companheiro astral que, alimentado constantemente pelo pensamento predominante, pode acompanhá-lo durante anos, ganhando progressivamente força e influência sobre o seu criador. Quando o desejo é um desejo de mau caráter, a influência sobre a natureza moral do homem pode vir a ser de desastrosas consequências.

Mais fecundos ainda em resultados bons ou maus são os pensamentos do homem acerca do seu semelhante, porque neste caso não é em torno dele que flutuam, mas em torno do objeto do pensamento. Qualquer desejo ou pensamento de felicidade, projetado sobre um indivíduo, criará para ele um elemental artificial amigável. Se o desejo for perfeitamente definido, por exemplo, o desejo de melhora de uma doença, o elemental pairará sobre o doente, para lhe promover o restabelecimento ou para afugentar qualquer influência tendente a impedi-lo. Neste trabalho desenvolverá o que pode parecer à primeira vista uma grande porção de inteligência e adaptabilidade, mas realmente não é mais do que uma força que atua segundo a linha de menor resistência – sempre na mesma direção, aproveitando qualquer canal que possa achar, precisamente como a água num tanque se precipitará por um tubo aberto, existente entre uma dúzia de fechados, e o esvaziará através dele.

Se o desejo for simplesmente um desejo vago de seu bem geral, a essência elemental, na sua maravilhosa plasticidade, responderá também a essa ideia menos distinta, e a entidade criada desenvolverá a sua força na direção de que surja logo uma ação para vantagem do homem. Em qualquer dos casos a quantidade de energia a despender e a duração do tempo de vida que a entidade tem para despender, dependem da intensidade do pensamento ou desejo original, embora, não é demais lembrá-lo, a entidade possa ser nutrida e fortificada, e prolongada a duração de vida por outros bons desejos ou pensamentos amigos projetados na mesma direção.

Além disso, parece que a entidade assim formada é atuada por um desejo instintivo de prolongar a vida, reagindo sobre o seu criador como força tendente constantemente a provocar a renovação do pensamento que a originou. E de uma forma análoga vai influenciar outras com quem entre em contato, embora a sua relação com estas não seja naturalmente tão perfeita.

Tudo o que se disse até aqui dos pensamentos bons, portadores de felicidade, é igualmente verdadeiro no caso de pensamentos portadores de desgraças e de desejos de mal aos nossos semelhantes. Basta atentar para o que existe no mundo de inveja, de maldade, de ódio e outros sentimentos igualmente pouco caridosos que existem no mundo, e será rapidamente compreendido que dentre os elementais artificiais pode-se ver muitas criaturas terríveis.

O homem cujos pensamentos sejam cheios de despeito, de sensualidade, de avareza, numa palavra, grosseiros, arrasta consigo através do mundo uma atmosfera pestilenta, que lhe é própria, povoada com os seres repugnantes que a sua brutal imaginação criou. E não é só ele que se encontra nessa triste situação, pois todos aqueles que têm a infelicidade de se aproximar dele estão sujeitos ao grande perigo do contágio moral, pela influência das abominações que ele se compraz em lançar ao redor de si.

Qualquer sentimento de ódio, inveja ou ciúme, dirigido a outra pessoa, enviará um elemental para atormentá-la, e este procurará qualquer ponto fraco por onde possa concretizar a sua ação maléfica. Se esse sentimento é persistente, o elemental continuará a ser alimentado e poderá prolongar por muito tempo a sua existência, e portanto, a sua perniciosa atividade. Pode, contudo, não produzir qualquer efeito sobre a pessoa para quem é dirigido, se esta não tem nenhuma tendência que o nutra, se não tem, por assim dizer, nenhum fulcro para a sua alavanca. Assim, todas essas influências, portadoras do mal, recuam e são rechaçadas ante a aura de um homem de pensamentos puros, de existência honrada, visto não acharem onde se fixar. Neste caso, obedecendo a uma lei bem curiosa, elas reagem com toda a força sobre o seu criador original. E é nele que a própria entidade que ele criou vai consumir o *karma* de seu mau desejo, na hipótese de nele encontrar uma esfera congênita.

Acontece também, por vezes, que um elemental artificial desta espécie não consegue, por várias razões, descarregar a sua energia nem sobre o seu criador nem sobre o objeto dos maus sentimentos deste. Então, transforma-se numa espécie de demônio errante, fácil e prontamente atraído por qualquer indivíduo que acalente em si sentimentos semelhantes àqueles que lhe deram origem, e [o elemental artificial] está igualmente preparado para estimular esses sentimentos nesse indivíduo, graças à força nutritiva que neste acham, pode obter dele [o indivíduo], ou exercer sobre ele qualquer má influência tão logo para isso se lhe proporcione uma ocasião. Se tem a força e o poder suficiente para se alojar em qualquer cascão transeunte, é certo que o faz, visto que essa moradia temporária lhe permite economizar os seus terríveis recursos com mais cuidado. Sob esta forma pode manifestar-se através de um médium, e sob o disfarce de um dos seus amigos íntimos pode, às vezes, vir a exercer influência sobre criaturas que, a não ser assim, nunca poderia exercer o menor poder.

O que foi dito acima vem confirmar ainda mais a importância que tem para nós e para os outros a rigorosa observação dos nossos pensamentos. Há centenas de criaturas bem intencionadas que nunca, quer por palavras quer por obras, deixaram de ser escrupulosamente observadoras dos seus deveres para com os seus semelhantes, e que, considerando que o pensamento é livre e ninguém tem nada a ver com o que pensam no seu foro íntimo, deixam à revelia os seus pensamentos, sem terem a consciência dos enxames de criações funestas que desencadeiam por esse mundo afora.

Para um indivíduo nestas condições, deve ser terrível a revelação de que os seus pensamentos e desejos podem produzir elementais artificiais; e por outro lado, deve ser altamente consoladora para aqueles que, sendo bons, dotados de uma alma grata e aperfeiçoada, são oprimidos pelo sentimento de que não são capazes de fazer algo para retribuir as bondades dos seus benfeitores. E realmente, pensamentos amigos e desejos sinceros de felicidade podem ser formulados tanto pelos mais ricos, como pelos mais pobres, pois nada há de mais fácil, seja para quem for, do que manter um anjo da guarda junto do irmão ou da irmã, do amigo ou do filho, de quem mais se ame, seja qual for o ponto da Terra onde se encontre o ente querido.

Quantas vezes as preces, os pensamentos de amor e de carinho de uma mãe extremosa se têm transformado num anjo da guarda para um filho, e a não ser no caso quase impossível em que o filho não encerre em si um instinto que possa responder a uma influência boa, quantas vezes esses pensamentos lhe têm proporcionado auxílio e proteção!

Não são utopias esses anjos da guarda, pois muitos clarividentes os têm visto. Há ocorrências de casos em que alguns desses anjos, tendo a força suficiente para se materializar, tornam-se visíveis momentaneamente à simples visão física.

É digno de nota o fato curioso de, mesmo depois da passagem da mãe para o mundo-céu, o amor que ela derrama sobre os filhos, que julga estarem em volta de si, continua agindo sobre eles, apesar de estarem ainda na Terra, alimentando o elemental protetor por ela criado, quando na Terra, até seus filhos queridos abandonarem, por sua vez, a vida física. Como muito bem observa a Sra. Blavatsky, "o amor de mãe será sempre sentido pelos filhos encarnados; manifesta-se-lhes nos sonhos e por vezes em vários casos da vida, fornecendo uma proteção e meios de salvação providenciais; porque o amor é um escudo forte, e não é limitado pelo espaço nem pelo tempo"[14]. Contudo, não se julgue que todas as histórias de intervenção dos anjos da guarda devam ser atribuídas à ação de elementais artificiais, porque em muitos casos esses "anjos" são apenas as almas de criaturas ainda vivas ou mortas recentemente, e ainda, em alguns casos, embora muito raros, o papel é representado pelos *devas*[15].

É este poder que tem um desejo cheio de convicção, principalmente se for muito repetido, de criar um elemental ativo, que constantemente trabalha pela realização desse desejo, o que constitui a explicação científica daquilo a que as criatu-

---

[14] BLAVATSKY, Helena P. *A Chave para a Teosofia*. Brasília: Ed. Teosófica, 4ª ed., 2011. (Nota Ed. Bras.)
[15] LEADBEATER, C. W. *Auxiliares Invisíveis*, São Paulo: Editora Pensamento. (Nota Ed. Bras.)

ras, cheias de devoção mas alheias à filosofia, julgam ser as respostas favoráveis às preces atendidas. Há ocasiões, embora presentemente raras, em que o *karma* da suplicante é tal que permite que a proteção implorada lhe seja fornecida diretamente por um Adepto, ou discípulo deste, e ainda há o caso, bastante mais raro, da intervenção provir de um *deva* ou de qualquer espírito da Natureza. Mas, em todos estes casos, o meio mais fácil e mais evidente de proporcionar esse auxílio seria sempre o fortalecimento e a direção inteligente do elemental já formado pelo desejo.

Um exemplo curioso e instrutivo da extrema persistência destes elementais artificiais, dadas as circunstâncias favoráveis, foi recentemente observado por um dos nossos investigadores. Todos os que se interessam por leituras acerca destes assuntos sabem que em muitas famílias antigas há a crença da existência de avisos fúnebres tradicionais, isto é, de qualquer fato que prediz, geralmente com antecedência de poucos dias, a aproximação do falecimento do chefe da família. Temos um exemplo bem pitoresco no pássaro branco dos Oxenham que, desde o reinado da Rainha Isabel, pressagia com a sua aparição a morte de qualquer membro da família; e ainda outro no célebre carro espectral que, diz-se, para à porta de certo castelo do norte da Inglaterra, quando está iminente uma calamidade semelhante.

É um fato desta ordem, embora menos flagrante e mais comum, que se produz na família de um dos nossos membros: três dias antes da morte ouve-se no ar uma ária solene de música fúnebre. O nosso colega, tendo ouvido duas vezes esses místicos acordes, e tendo reconhecido a exatidão do aviso, o que, aliás, ele sabia ser tradição secular da sua família, tratou de ver se descobria pelos métodos ocultos qual a verdadeira causa de tão estranho fenômeno.

O resultado das suas investigações teve tanto de imprevisto quanto de interessante. Aconteceu que pelos meados do século XII, o chefe da família foi, como tantos outros bravos cavaleiros, para as cruzadas, e levou consigo, para que ganhasse em tão sagrada causa as suas esporas de ouro, o filho mais novo, que era o seu favorito e um mancebo promissor, cuja felicidade e sucesso na vida era o mais ardente desejo do coração paterno. Infelizmente, porém, o cavaleiro moço morreu em combate, e o pai ficou mergulhado no mais profundo desespero, lamentando não só a perda do filho querido, mas, principalmente, o fato de ele ter sido subitamente arrancado à vida, numa idade em que as paixões dominam e em que não se está espiritualmente preparado para ingressar no outro mundo.

E tão profunda e pungente foi a sua dor que, pondo de lado a armadura e o gládio, ingressou numa ordem religiosa, jurando devotar-se o resto da vida à oração, pedindo pela alma do filho. E além disso, para que, no futuro, a nenhum dos seus descendentes viesse a acontecer o que ele, na sua simples e piedosa imaginação de crente, considerava um perigo terrível, isto é, ser arrebatado pela morte antes de estar para ela devidamente preparado. E dia após dia canalizou, em preces fervorosas, toda a energia da sua alma no sentido do seu desejo, crendo firmemente que, fosse como fosse, o resultado das suas preces haveria de ser o que ardentemente desejava.

Qualquer estudante de Ocultismo terá a maior facilidade em adivinhar qual foi o efeito dessa corrente de pensamento tão firme e persistente. O nosso monge cavaleiro criou assim um elemental artificial de imenso poder e recursos inesgotáveis, e acumulou dentro deste uma reserva de força que permitiu a este a realização dos desejos do seu criador por largo espaço de tempo.

Um elemental é uma perfeita bateria de acumuladores – em que praticamente não há esgotamento de energia. Se atendermos ao valor da sua potência original e à raridade das ocasiões para a despender, não nos admiraremos de o vermos manifestando uma vitalidade, absolutamente intacta, avisando os descendentes do cruzado do fim próximo, por meio da estranha melodia que foi outrora, há oitocentos anos, na Palestina, o canto fúnebre que levou à sepultura o jovem e heroico guerreiro.

2º *Elementais criados conscientemente.* – Vimos, no exemplo citado, como um indivíduo, mesmo sem saber o que faz, pode orientar a força do seu pensamento. Imagine-se agora o que pode fazer qualquer Adepto da magia que, conhecendo perfeitamente o assunto, sabe claramente o efeito que pode produzir com o pensamento. É fato assente que tanto os ocultistas da seita branca como os da negra se servem frequentemente de elementais artificiais nos seus trabalhos, e poucas tarefas há que não possam ser levadas a cabo por essas criaturas, quando cientificamente preparadas e habilmente dirigidas. Os preparados no assunto podem estabelecer uma relação com o seu elemental e guiá-lo, independentemente da distância em que se manifesta, de forma que o elemental agirá como se estivesse dotado com toda a plenitude da inteligência do seu criador.

Têm-se visto anjos da guarda extremamente ativos e nitidamente definidos, criados desta forma, mas é raro que o *karma* permita intervenção tão direta na vida de uma pessoa. Todavia, acontece que alguns discípulos dos Adeptos que, no decurso da realização da missão que por eles lhes foi confiada, passam por perigos provenientes do ataque de forças muito superiores às suas, contam, a seu lado, com um destes protetores, cujo poder formidável e incansável vigilância têm tido plena confirmação.

Por meio dos processos mais adiantados, os cultores da magia negra conseguem também a criação de elementais artificiais, e não têm sido pequeno o mal que tais entidades têm espalhado por este mundo. Mas também estes esbarram com a resistência daqueles cuja pureza de vida e de caráter os torna opacos à sua influência, e, por curiosa inversão, vão reagir com tremenda força sobre o seu criador. A velha história do feiticeiro medieval, esfacelado pelos demônios por ele invocados, não é de todo uma fábula inventada; pode mesmo encerrar um triste fundo de verdade. De fato, um caso ilustrativo da ação desta lei ocorreu algum tempo atrás na vida do nosso falecido presidente Cel. H. S. Olcott.

Semelhante ao que acontece com as entidades artificiais estudadas no parágrafo anterior, também estas podem, por várias razões, escapar ao domínio daqueles que tentam utilizá-las, convertendo-se em demônios errantes. Mas os elementais formados conscientemente são dotados de inteligência e de poder muito maiores; têm mesmo duração de vida muito superior aos outros, e por isso são muito mais perigosos. Buscam constantemente meios para prolongar a existência, quer alimentando-se, como vampiros, da vitalidade de seres humanos, quer influenciando-os a que façam oferendas, tendo conseguido mesmo em tribos semisselvagens que a ignorância os leve a reconhecê-las como deuses de uma povoação ou de uma família.

Toda divindade que exige sacrifícios que importem a efusão de sangue pode ser considerada como pertencente às classes mais inferiores e mais repugnantes desta categoria. Outros tipos menos condenáveis contentam-se com oferendas de arroz e de alimentos cozidos, de várias espécies. Na Índia, ainda hoje se encontram, em algumas regiões, as duas variedades, mas é natural que na África sejam relativamente muito mais numerosas.

Graças ao alimento que colhem das oferendas e sobretudo à vitalidade que subtraem aos seus fiéis, podem continuar a prolongar a existência por muitos anos, ou mesmo séculos, conservando em si a força suficiente para de vez em quando produzir certos fenômenos insignificantes, com que vão estimulando a fé e o zelo dos seus adoradores, ou para os molestar e contrariar sempre que se descuidam na realização dos sacrifícios do costume. Por exemplo, reconheceu-se recentemente que num povoado da Índia, sempre que por qualquer motivo à divindade local não era ofertado o alimento de costume, aconteciam incêndios espontâneos, entre as cabanas, algumas vezes três ou quatro simultaneamente, em circunstâncias em que era impossível suspeitar-se de qualquer intervenção humana. A qualquer leitor que conheça alguma coisa dos recônditos cantos dessa admirável região da Índia, a mais maravilhosa e estranha de todas as regiões do Universo, decerto ocorrem outras histórias deste gênero.

A arte de fabricar elementais artificiais de extremo poder e grande virulência parece ter sido uma das especialidades dos magos da Atlântida – "os Senhores da face negra". – Um exemplo das suas faculdades encontra-se em *The Secret Doctrine* (*A Doutrina Secreta*), Vol. III [do original em inglês], em que se lê dos estranhos animais que falavam e que tiveram de se apaziguar com uma oferenda de sangue para que não fossem acordar os donos e preveni-los da sua próxima destruição. Mas além destes estranhos animais, criavam também outras entidades artificiais cuja energia e cujo poder eram tamanhos que se pretende ainda existam alguns deles, apesar de se terem passado mais de onze mil anos desde que o terrível cataclismo destruiu os seus criadores originais. A terrível divindade hindu cujos fiéis eram impelidos a cometer em seu nome os horrorosos crimes de Thuggee – a espectral e hedionda Kāli, ainda hoje adorada com ritos cujo horror de pormenores não temos coragem de descrever – é talvez uma relíquia de um sistema que teve de ser aniquilado mesmo à custa da submersão de um continente inteiro que arrastou consigo sessenta e cinco milhões de vidas humanas.

3° *Artificiais humanos.* – Resta-nos considerar uma classe de entidades que, apesar de ser pouco numerosa, adquiriu, pela sua íntima conexão com um dos grandes movimentos dos tempos modernos, uma importância absolutamente desproporcionada para o número dos seus membros. Poderão suscitar-se dúvidas se as deveríamos incluir na primeira ou na terceira das nossas divisões principais. Mas, apesar de humanas, estão distanciadas do caminho regular da nossa evolução, e são tão acentuadamente produtos de uma vontade estranha à própria vontade, que nos pareceu não errar incluindo-as entre os seres artificiais.

A melhor maneira de as estudar é começarmos pela sua história, que nos faz voltar atrás, à grande raça Atlante. Ao pensarmos nos Adeptos e nas escolas ocultistas desse notável povo, os nossos espíritos vão instintivamente para as práticas condenáveis dos seus últimos dias. Mas não esqueçamos que antes dessa época de egoísmo e degradação, a poderosa civilização da Atlântida produziu muita coisa nobre e digna de admiração, e que entre os seus chefes alguns houve que hoje ocupam os pináculos mais elevados até agora atingidos pelo homem.

Entre as Lojas de estudo oculto, preliminar para a iniciação, formadas pelos Adeptos da boa Lei, existia uma que era então tributária de um dos grandes monarcas atlantes – "O Divino Senhor da Porta de Ouro". E apesar das muitas e estranhas vicissitudes por que tem passado, apesar de se ter visto forçada a mudar a sua sede de país para país, uma vez que todos estes iam sendo, por sua vez, invadidos pelos elementos discordantes de uma civilização mais recente, essa Loja existe ainda hoje, observando o mesmo ritual primitivo desse mundo desaparecido – ensinando, como linguagem secreta e sagrada, a mesma língua da Atlântida, que se falava quando da sua fundação há muitos milhares de anos.

É ainda hoje o que foi no princípio: uma Loja de ocultistas de intenções puras e filantrópicas, que pode levar os estudantes que considera dignos ao caminho do verdadeiro conhecimento e, depois de várias e rigorosas provas das aptidões e qualidades do candidato, conferir-lhe certo número de poderes psíquicos ao seu alcance. Os instrutores dessa Loja não estão no mesmo nível que os Adeptos, mas centenas dos seus discípulos têm aprendido lá a direção do Caminho que leva ao Adeptado em vidas subsequentes. E embora não faça parte da Irmandade dos Himalaias, há entre estes alguns irmãos que, em encarnações passadas, tiveram ligações com ela, e por isso se interessam com invulgar simpatia por suas atividades. De fato, eu me lembro bem como o atual líder daquela Loja, ao ver um dos retratos dos Mestres de Sabedoria, prostrou-se certa vez diante dele com profunda reverência.

Os Dirigentes dessa Loja, embora se tenham mantido, eles e a sua sociedade, sempre em plano secundário, têm feito o possível em prol do progresso da verdade no mundo. Há pouco mais ou menos meio século, para contrabalançar a onda rastejante de materialismo que ameaça afogar toda a espiritualidade na Europa e na América, resolveram combatê-lo por métodos um tanto ou quanto inéditos – de modo que oferecessem a qualquer indivíduo dotado de raciocínio oportunidade para a obtenção da prova absoluta da existência de uma vida independente da do corpo, existência que a Ciência se comprazia em negar. Os fenômenos exibidos não eram em si absolutamente novos, visto que a história aqui e acolá, desta ou daquela maneira, nos fala deles; mas a sua organização definida e o fato de poderem ser provocados, por assim dizer, à ordem, deram-lhes um caráter completamente inédito para o mundo moderno.

O movimento assim iniciado foi-se estendendo gradualmente até dar esse vasto edifício do Espiritismo moderno. Se é certo que não seria justo atribuir aos iniciadores do plano a responsabilidade direta de muitos dos resultados que se seguiram, certo é que realizaram o seu objetivo sob o ponto de vista da conversão de grandes massas de gente, desviando-as da descrença absoluta para a fé sólida em qualquer espécie de vida nova futura. E isto é, só por si, um resultado maravilhoso, apesar da opinião daqueles que sustentam que foi obtido por um custo demasiado alto.

O método usado constituiu em tomar uma criatura comum depois da morte, torná-la plenamente consciente, no Plano Astral, mostrar-lhe, dentro de certos limites, os poderes e as forças desse plano, e em seguida confiar-lhe a direção de um círculo espírita. Essa criatura, por sua vez, "desenvolvia" da mesma forma que outras personalidades falecidas, e todas reunidas atuavam sobre as pessoas que assistiam às sessões e as "desenvolviam" como médiuns. Assim cresceu e progrediu o Espiritismo. Sem dúvida, alguns membros vivos da Loja original manifestaram-se por vezes na forma astral, em alguns desses círculos – talvez ainda o façam hoje; mas na maior parte dos casos limitaram-se a dirigir e a guiar aqueles a quem tinham confiado a direção. Não há dúvida de que o movimento se propagou muito mais rapidamente e tomou incremento muito maior do que o esperado, e tanto assim que em breve se subtraiu à sua direção. Por isso afirmamos que não se lhes devem atribuir responsabilidades diretas em muitos dos resultados desse movimento.

Evidentemente, a intensidade anormal da vida do Plano Astral suscitada nesses "guias", retardava-lhes consideravelmente o progresso natural. E, embora a ideia de que o *karma* bom gerado com o auxílio que eles davam aos investigadores da verdade devia, em parte, compensar esse atraso, veio, contudo, a reconhecer-se que não se podia empregar o mesmo "espírito-guia" por muito tempo sem que isso lhe fosse altamente prejudicial.

Recorreu-se às substituições; mas, por vezes, quando qualquer motivo não permitia a troca, recorreu-se a um expediente notável, e foi dele que nasceu a classe a que chamamos "artificiais humanos".

Permitiu-se que os princípios superiores do "guia" original prosseguissem na sua evolução retardada e passassem para o mundo-céu, mas lançou-se mão da sua sombra abandonada, vivificando-a de maneira a que "o guia" aparecesse no círculo dos seus admiradores aparentemente como antes. Parece que isso a princípio foi desempenhado pelos próprios membros da Loja, mas chegou-se à conclusão, tanto quanto nos é lícito afirmar a esse respeito, de que tal disposição era, não sabemos se muito penosa e contraproducente, ou se dava lugar a grande desperdício de força, e mesmo se objetava contra a criação de um elemental artificial. De modo que se decidiu que a pessoa designada para suceder ao guia precedente se desempenharia do seu trabalho, mas apoderando-se da sombra, ou do invólucro, do antecessor, tendo, portanto, deste, apenas a aparência.

Diz-se que alguns membros da Loja se opuseram a isso, porque, apesar da pureza da intenção, a execução envolvia qualquer coisa de fraude. Mas a opinião geral parece ter sido a de que, visto a sombra permanecer a mesma e continuar a conter uma parte da mente inferior, não havia afinal uma verdadeira fraude.

Foi esta a gênese das entidades humanas artificiais. Parece que na maioria dos casos estas substituições não levantaram a menor suspeita. Mas houve casos em que alguns investigadores do Espiritismo notaram, passado bastante tempo, certas diferenças, que subitamente se revelaram, na maneira e disposição do "espírito".

É inútil dizer que nenhum dos membros da Fraternidade dos Adeptos contribuiu em qualquer ocasião para a criação de entidades artificiais desta espécie, mas não podiam evitar que alguém, com condições para isso, se lembrasse de o fazer. O ponto fraco deste processo consiste na facilidade com que outros o podem adotar e na dificuldade em se evitar que os magos negros criem "espíritos" de comunicação à sua vontade, e nunca é com boas intenções que o fazem. E sabe-se que já o têm feito.

Termina aqui o estudo dos habitantes do Plano Astral. Com as reservas já mencionadas algumas páginas atrás, pode considerar-se bastante completo o aqui apresentado. Mas não é demais insistir no fato de que este livro é um esboço, a traços largos, de um assunto de grande vastidão, que exigiria uma vida inteira de estudo e de árduo trabalho para dele se fazer um tratado completo e sem omissões.

Capítulo IV

Fenômenos

De um ponto de vista, este deveria ter sido o primeiro capítulo de nosso livro, e não o último, pois foi da consideração do tema que lhe serve de título que tudo o mais surgiu. Devo minha introdução à Teosofia nesta encarnação ao nosso então Vice-Presidente da Sociedade Teosófica, o Sr. A. P. Sinnett, que sempre foi excepcionalmente gentil para comigo, e com quem eu costumava encontrar-me todo domingo de manhã, em sua biblioteca, para discutirmos assuntos teosóficos. Numa dessas ocasiões, ele casualmente comentou que pensava que os ensinos teosóficos até então transmitidos a nós não abrangiam ou não computavam muitos dos fenômenos espíritas que ambos havíamos presenciado repetidamente. Um tanto surpreendido por esta hipótese, eu sustentei vigorosamente a opinião de que eram satisfatoriamente abrangidos, e passei a dar exemplos.

O Sr. Sinnett pareceu-me favoravelmente impressionado, e pediu-me que fizesse uma conferência na Loja de Londres, expondo meus pontos de vista. Concordei em fazê-lo, mas quando comecei a preparar essa conferência, logo notei que para me tornar inteligível deveria principiar por uma descrição geral do mundo astral como um todo, com as condições, os poderes e as possibilidades de seus habitantes. Compreendi que havia assumido um compromisso maior do que intentava; mas claramente era uma tarefa que tinha de ser feita, e assim pude prosseguir e levá-la a cabo com a melhor de minhas habilidades. O resultado foi uma conferência nessa Loja, que apareceu em sua Ata nº 24.

A Dra. Besant, que então estava publicando uma série de Manuais Teosóficos, foi bastante gentil para incluir este ensaio como um desses manuais; daí o seu aparecimento na forma presente.

Embora no decurso deste manual [livro] tenhamos mencionado, e até certo ponto explicado, vários fenômenos superfísicos, não queremos terminá-lo sem fazer uma enumeração dos fenômenos que frequentemente se apresentam ao investigador, e mostrar quais são, das que descrevemos, as entidades que mais geralmente os originam. E dizemos "mais geralmente", porque os recursos do mundo astral são tão variados e complexos que quase todos os fenômenos a que vamos referir podem ser produzidos de muitas maneiras. Esta peculiaridade torna impossível a apresentação de regras fixas sobre tal assunto.

As aparições ou fantasmas fornecem uma esplêndida confirmação do que acabamos de afirmar, visto que, atendendo à maneira habitual como esses termos têm sido usados, eles se podem aplicar indistintamente a qualquer habitante do Plano Astral. As pessoas psiquicamente desenvolvidas veem esses fantasmas constantemente; mas para que a uma criatura comum possa "aparecer um fantasma", segundo a expressão corrente, é necessário ou que esse fantasma se materialize ou que essa criatura tenha momentaneamente um vislumbre de percepção psíquica. É apenas devido ao fato de nenhum destes dois casos ser comum, que nós todos não estamos constantemente a encontrar espectros nas ruas, com a mesma frequência com que encontramos gente de carne e osso.

Espectros no Cemitério – O espectro que paira sobre uma sepultura é geralmente o invólucro etérico de um recém-enterrado, mas *pode* também ser o corpo astral de um vivo que, durante o sono, vá para junto de um amigo morto; ou ainda uma forma-pensamento materializada – isto é, um elemental artificial criado pela energia com que um homem pensa de si mesmo como presente num determinado lugar. Para qualquer pessoa habituada a servir-se da visão astral, é facílimo distinguir a qual das três espécies pertence o espectro; porém, para quem é pouco prático, à aparição chamará vagamente "um espectro".

Aparições de Moribundos – As aparições no momento da morte não são de todo raras, e muitas vezes são verdadeiras visitas feitas pelo corpo astral do moribundo no momento que precede imediatamente à morte, e que nós chamamos o momento da dissolução. Também neste caso podem ser formas-pensamentos chamadas à vida pelo desejo ardente do moribundo em ver um ente querido, antes de ingressar num mundo desconhecido. Há exemplos dessa visita ser feita logo depois da morte, e não imediatamente antes, e neste caso o visitante é realmente um espectro; mas, devido a causas várias, esta forma de aparição é muitíssimo menos frequente que a outra.

Lugares Assombrados – As aparições num local onde se cometeu um crime são geralmente formas-pensamentos projetadas pelo criminoso, que, vivo ou morto, mas especialmente depois de morto, revolve constantemente na mente as circunstâncias do delito. Como é, em geral, nos aniversários do crime que esses pensamentos são mais vívidos, é muitas vezes nesses dias apenas que os elementais artificiais que ele cria têm a força suficiente para se materializar à visão comum – fato que explica a periodicidade das aparições em certos lugares. Os criminosos inveterados estão frequentemente demasiado endurecidos para se comoverem ante um crime particular, mas nesse caso outros fatores poderiam intervir.

Ainda a respeito de aparições em certos pontos, observa-se que em qualquer parte onde uma comoção mental de grande violência, medo, dor, ódio, ou qualquer paixão intensa, se fez sentir, grava-se na luz astral uma impressão tão forte que qualquer pessoa, mesmo fracamente dotada sob o ponto de vista psíquico, não pode deixar de se sentir fortemente impressionada ao visitar esse lugar. Bastaria um pequeno aumento de sensibilidade para que toda a cena se desenvolvesse – para se ver o acontecimento apresentar-se em todos os seus detalhes como se realmente estivesse se dando naquele momento – e nesse caso não faltaria quem dissesse que aquele local estava assombrado, e que tinha visto um "fantasma".

É certo que há pessoas que não têm a visão psíquica desenvolvida, porém que, no entanto, se sentem forte e dolorosamente impressionadas quando passam por locais deste gênero. Há muita gente, por exemplo, que se sente pouco à vontade ao passar por lugares onde se fizeram execuções capitais, como a Tyburn Tree, ou ao entrar na *Sala dos Horrores* de Madame Tussaud, que não imagina que esse mal-estar é devido às cenas trágicas impressas na luz astral, em volta de locais e de objetos impregnados de crime ou de horror, e também à presença das repugnantes entidades astrais que povoam em multidão esses locais.

Espectros de família – O espectro de família, personagem certo nas histórias tradicionais dos castelos feudais, pode ser ou uma forma-pensamento, ou uma impressão de rara vividez na luz astral, ou mesmo o espectro de um antepassado que, ainda ligado às coisas terrestres, se compraz em ver reviver as cenas em que em vida centralizou os seus pensamentos e esperanças.

Soar de campainhas, remessa de pedras, etc. – Ouvir de repente o ruído de uma pedra arremessada, não se sabe de onde, ou o soar súbito e inexplicável de campainhas, é um outro fenômeno, a que já nos referimos, e que é quase invariavelmente obra das forças elementais, quer postas em ação cegamente pelos esforços mal orientados de qualquer ignorante tentando atrair a atenção dos amigos que lhe sobreviveram, ou ainda intencionalmente pela malícia infantil de qualquer espírito da Natureza. O nome *poltergeist* é usualmente dado a essas manifestações.

Fadas – São também os espíritos da Natureza os responsáveis pelo que pode haver de verdadeiro nessas estranhas histórias de fadas, tão comuns em certas regiões. Algumas vezes, um acesso temporário de clarividência, que não é nada raro entre os habitantes das regiões montanhosas, pode permitir a um viandante tardio presenciar as alegres brincadeiras das fadas. Outras vezes são verdadeiros embustes feitos a qualquer vítima, cheia de terror, como por exemplo, quando, por efeito de um encanto, a fazem ver casas e gente em locais onde se sabe nada disso existir. Por vezes, isso ultrapassa a simples ilusão de um instante, porque um homem passará frequentemente por uma longa série de aventuras, tão imaginárias como singulares e flagrantes para de repente ver que todo o brilhante cenário das suas aventuras se esvaiu num instante, deixando-o sozinho, em qualquer vale solitário ou numa planície batida pelo vento.

Mas não devemos dar crédito a todas as lendas populares a este respeito, porque na maior parte dos casos há que se considerar os preconceitos e a superstição de algumas pessoas, como às vezes tem acontecido com terríveis casos de assassinato.

São estas mesmas entidades a origem dos chamados fenômenos das sessões espíritas – e realmente muitas sessões têm sido inteiramente dadas pela travessura destas criaturas. As habilidades realizadas nestas sessões são muito variadas: respostas a perguntas, entrega de pseudomensagens por meio de pancadas ou de oscilações de uma mesa, exibição de "luzes de espíritos" [clarões], remessas de objetos de longe, leituras de pensamentos dos circunstantes, precipitação de escritos ou desenhos e até materializações.

Tudo isso pode ser feito por um espírito da Natureza, sem o mínimo auxílio; bastaria que um deles se quisesse dar a esse trabalho para nos oferecer uma sessão que excederia as mais notáveis que se conhecem. Porque, embora alguns dos fenômenos fossem para ele de difícil execução, em compensação, o seu poder de ilusão é tal que lhe permitiria fazer crer, sem dificuldade aos assistentes, na realidade desses fenômenos, a não ser que entre estes houvesse algum observador competente, conhecedor dos processos dos espíritos da Natureza e capaz de os confundir.

Como regra geral, podemos inferir que sempre que numa sessão espírita aparecem esses truques e travessuras, é certa a intervenção ou de um espírito da Natureza de categoria inferior, ou então de seres humanos cuja degradação chegou a tal ponto que, durante a vida, se sentiam felizes nesses espetáculos.

Comunicações por meio de entidades astrais – Quanto às entidades que podem "comunicar-se" numa sessão ou obsedar e falar através de um médium em transe, pode dizer-se que constituem verdadeira legião. Dificilmente se achará uma classe de entidades astrais que não possa manifestar comunicações, mas, pelo que já se disse, compreende-se bem que raras vezes essas entidades pertencem às categorias elevadas. Um "espírito" que se manifesta é algumas vezes o que se julga ser – especialmente quando as sessões privadas são conduzidas por pessoas educadas e sérias –, mas outras vezes não é nada disso; e não é qualquer assistente que pode distinguir o verdadeiro do falso, porque são tantos e tão variados os recursos para iludir de que dispõem os habitantes do Plano Astral, que nem sequer se pode confiar naquilo que por vezes parece uma prova irrefutável.

Se aparece qualquer coisa que se anuncia, por exemplo, como o irmão há muito tempo morto de um indivíduo, este nunca pode ter a certeza de que assim seja. Pode o espírito contar um fato apenas conhecido dos dois irmãos, mas isso não é convincente, porque a informação pode ter sido lida em sua própria mente ou na luz astral circundante. Se o pseudoirmão vai ainda mais longe e conta qualquer pormenor da sua vida, desconhecido do outro, mas cuja exatidão este pode em seguida verificar, também lhe é lícito duvidar, porque todos os fatos de todas as vidas estão gravados nos arquivos astrais, ou pode ser a sombra do irmão e, portanto, possui a sua memória, e não ele próprio. Não se nega em nenhum momento que importantes comunicações tenham sido feitas em sessões espíritas, que em tais casos foram precisamente feitas por aqueles que diziam ser. Mas o que quisemos afirmar foi que é quase impossível, para uma pessoa comum que visita uma reunião espírita (especialmente quando a reunião é pública), ter qualquer certeza de que não está sendo cruelmente enganada em uma ou outra meia dúzia de diferentes modos. No entanto, qualquer pessoa que queira estudar um caso, no qual uma irrefutável evidência de identidade foi laboriosamente dada, deveria ler o livro *Life Beyond Death with Evidence* (*Vida Além da Morte com Evidência*), de C. D. Thomas.

Em um número limitado de casos, alguns membros da Loja oculta a que nos referimos deram, por intermédio de um médium, uma série de ensinamentos preciosos sobre interessantíssimos assuntos, mas sempre em sessões estritamente particulares e nunca em reuniões públicas e muito menos pagas.

Recursos astrais. – Para se fazer uma ideia dos processos pelos quais se produz a maior parte dos fenômenos físicos, é necessário conhecer os variados recursos mencionados acima, que estão à disposição de um indivíduo que opere no Plano Astral. É, no entanto, uma parte do assunto que não é fácil esclarecer completamente, tanto mais que há a este respeito certas restrições, cuja necessidade é evidente. Servir-nos-á de auxílio recordar que o Plano Astral pode ser considerado, sob muitos pontos de vista, uma extensão do Plano Físico, e a ideia de que a matéria pode passar ao estado etérico – que, apesar de invisível e intangível não deixa de ser puramente física – pode fazer-nos compreender como um plano se funde no outro. Segundo a maneira como os hindus concebem *Jāgrat*, "o estado de vigília", os Planos Físico e Astral estão combinados, correspondendo as sete subdivisões deste aos quatro estados da matéria física e às três grandes divisões da matéria astral, a que já nos referimos.

Com esse pensamento em nossas mentes, podemos avançar mais um passo e compreender que se pode definir a visão astral, ou antes, a percepção astral, como "a faculdade de receber um número muito mais considerável de diferentes espécies de vibrações". Em nossos corpos físicos, somos sensíveis a certo número de vibrações que nos afetam como som, e há outro grupo de vibrações muitíssimo mais rápidas que nos afetam como luz, e ainda há a espécie de vibrações elétricas. Mas existem ainda vibrações intermediárias que em nada nos afetam os sentidos e de que nem sequer temos conhecimento. Compreende-se bem que se todas estas vibrações intermediárias, ou mesmo apenas algumas delas, com todas as complicações resultantes das diferenças possíveis dos respectivos comprimentos de onda, são perceptíveis no Plano Astral, a nossa compreensão da Natureza deve aumentar consideravelmente nesse meio, e por isso nos serão reveladas muitas noções que no Plano Físico nos são inacessíveis.

Clarividência – Admite-se que algumas dessas vibrações atravessem facilmente a matéria sólida, o que permite explicar cientificamente as particularidades da visão etérica; mas para a visão astral, a melhor explicação é fornecida pela teoria da quarta dimensão. É claro que basta possuir a faculdade da visão astral para se poder realizar coisas que parecerão verdadeiros milagres, como, por exemplo, a leitura de um trecho de um livro fechado. Se a isso acrescentamos que esta faculdade inclui o poder de ler os pensamentos (à medida que o pensamento em questão afete as emoções), e ainda, quando combinada com o conhecimento de projeção de correntes na luz astral, o de observar um objeto desejado em quase qualquer parte do mundo, compreende-se bem que é extremamente fácil a explicação de muitos dos fenômenos de clarividência. Quem deseje mais por menores acerca deste assunto, poderá encontrá-lo no livro *Clarividência*,[16] de minha autoria, em que, a par de muitos exemplos, se encontram catalogadas todas as suas variedades.

Previsão e segunda visão – A clarividência verdadeira, treinada e absolutamente segura, inclui a atividade de uma série de faculdades totalmente diferentes; mas como estas perten-

---

[16] Brasília: Editora Teosófica, 2013. (Nota Ed. Bras.)

cem a um Plano mais elevado do que o Astral, estão fora do nosso assunto. A faculdade da previsão rigorosa pertence também a esse Plano superior; contudo, aparecem às vezes à pura visão astral alguns reflexos ou *flashes* seus, principalmente entre gente de espírito simples, que vive em condições apropriadas, constituindo o que se chama "segunda visão", que, como é notório, se encontra muito entre os habitantes das montanhas da Escócia.

Outro fato que não se deve esquecer é que qualquer habitante do Plano Astral, dotado de inteligência, pode perceber estas vibrações etéricas, e além disso – se aprendeu a fazê-lo – adaptá-las aos seus fins ou pô-las em ação.

Forças astrais – Compreende-se claramente que no tempo presente não se possa escrever muito acerca destas forças superfísicas e dos processos da sua utilização, embora haja razão para supor que não tardará o tempo em que muitas das suas aplicações se tornem do domínio público. Podemos, no entanto, sem transpor os limites do que é permitido, dar delas uma ideia geral suficiente para que, a traços largos, se possa compreender a gênese de certos fenômenos.

Todos aqueles que assistem com frequência a sessões espíritas notam, decerto, uma vez ou outra, o emprego de forças verdadeiramente irresistíveis, como, por exemplo, no levantamento instantâneo de pesos enormes. Muitos, principalmente aqueles cujas mentes raciocinam e buscam nos fenômenos uma razão cientificamente plausível, hão de dar tratos à imaginação para saber de onde veio essa força, agindo como poderosa alavanca. Dentre os vários meios pelos quais estes fenômenos de caráter astral podem ser obtidos, parece-nos suficiente citar quatro:

1º – *Correntes etéricas* – Percorrendo o mundo, em grandes ondas, varrendo-o de polo a polo, em grandes massas, o que as torna tão irresistíveis como as marés montantes, existem grandes correntes etéricas, cuja irresistível força pode ser utilizada sem perigo, embora as tentativas inábeis, em que não se consiga dominá-las completamente, possam redundar em verdadeiras catástrofes.

2º – *Pressões etéricas* – Correspondente em parte, mas de intensidade imensamente superior, à pressão atmosférica, existe também uma pressão etérica. Em geral, ninguém a percebe, pelo mesmo motivo de que ninguém se apercebe da existência da pressão atmosférica; e se a ciência fosse capaz de extrair o éter de um determinado espaço, como ela é capaz de fazer com o ar, a existência dessa pressão etérica se tornaria tão evidente como a da outra. A dificuldade de fazer isso jaz no fato de que a matéria na condição etérica interpenetra livremente a matéria nos estados inferiores a ela, e portanto, não há até o momento nenhum meio, na abrangência do conhecimento de nossos físicos, pelo qual qualquer corpo de éter possa ser isolado do resto. O Ocultismo prático, porém, ensina como isso pode ser feito, e assim, a tremenda força da pressão etérica pode ser posta em atividade.

3º – *Energia latente* – Há vastas reservas de energia potencial que, durante a involução do sutil para o grosseiro, se acumularam na matéria no estado latente. Essa energia pode ser liberada e utilizada, à semelhança do que se faz com a matéria [física] visível, a cujas mudanças de estado corresponde uma liberação de energia latente, sob a forma de calor.

4º – *Vibração simpática* – Há resultados impressionantes, tanto grandes quanto pequenos, que se produzem por uma extensão do princípio a que se pode chamar "vibração simpática". Mais uma vez vamos apresentar um exemplo elucidativo, tirado do mundo físico, embora muito amiúde tais exemplos sirvam mais para dar uma ideia falsa dos fenômenos astrais do que verdadeira, porque eles nunca podem ser mais do que parcialmente aplicáveis. Contudo, alguns fatos extremamente simples podem ajudar-nos a compreender esta ação importantíssima, contanto que não levemos a analogia demasiado longe.

É sabido que, fazendo vibrar uma corda de uma harpa, as cordas correspondentes de quantas harpas estejam junto da primeira vibrarão também, se estiverem na mesma afinação. Igualmente, é fato conhecido que é sempre de passo trocado que uma grande corporação do exército atravessa uma ponte suspensa, porque, do contrário, a regularidade da marcha ordinária comunicaria à ponte uma vibração oscilatória que iria aumentando a cada passo, até vencer a resistência do ferro e fazer rebentar a estrutura metálica.

Com estas duas analogias bem em mente (sem esquecer que não passam de analogias parciais), compreende-se que aquele que saiba bem qual a espécie de vibrações a produzir – que, por assim dizer, conheça a totalidade da matéria sobre a qual quer agir – pode, ferindo a nota justa, despertar uma grande quantidade de vibrações simpáticas. Quando isso se faz no Plano Físico, não se desenvolvem energias suplementares; mas no Plano Astral, visto a matéria que o compõe ser muito menos inerte, e deste modo, quando ativada por estas vibrações simpáticas, adiciona sua força viva ao impulso original, que assim pode ser multicentuplicado. E por uma repetição rítmica deste primeiro impulso – como no caso dos soldados – as vibrações podem tomar uma intensidade verdadeiramente desproporcional à causa inicial. Pode mesmo ser dito que, nas mãos de um grande Adepto, que lhe conheça plenamente os recursos, esta força não tem limites, visto que a própria construção do Universo não é mais do que o resultado das vibrações despertadas pelo Verbo Falado.

Mantras – A classe de *mantras*, ou fórmulas mágicas, que produzem efeito sem auxílio de um elemental, mas apenas pela repetição de certos sons, deve a sua eficácia a esta ação das vibrações simpáticas.

Desintegração – Este fenômeno pode ser obtido também pela aplicação de vibrações extremamente rápidas, que destroem a coesão das moléculas do objeto que sofre a desagregação. A decomposição das moléculas em átomos é devida a vibrações de um tipo diferente, de velocidade ainda maior. Um corpo reduzido, por este meio, ao estado etérico, pode ser deslocado de um ponto para outro, com incrível velocidade, pelas correntes astrais, e logo que cessa de atuar a forma que o eterizou, a pressão etérica o reconduz ao estado primitivo.

Muitos estudantes, inicialmente, têm dificuldade em compreender como, em tal experiência, se pode preservar a forma original do objeto. Realmente, observa-se com razão que, quando um objeto metálico – uma chave, por exemplo, é fundida pelo calor, um abaixamento conveniente de temperatura a faz voltar, é certo, ao estado sólido, mas ela não será mais uma chave, apenas uma massa informe do metal. A objeção parece de valor, mas a analogia é que não é completa. A essência elemental, que dá a forma a chave, dissipa-se realmente nessa mudança de estado, não porque sofra diretamente a influência do calor, mas porque, destruído o seu corpo sólido temporário, volta ao grande reservatório comum, donde sai toda a essência elemental. Similarmente ao que acontece aos princípios superiores do homem que, apesar de afastados pelos efeitos do frio e do calor, são retirados do corpo físico quando o fogo o destrói.

Por consequência, quando aquilo que era uma chave passa de novo, por um resfriamento, ao estado sólido, a essência elemental (da "terra", ou da espécie sólida), que reflui para ela, não é a mesma que a chave continha, e portanto, não há razão para que a massa metálica solidificada retome a forma que tinha. Mas um operador que queira desintegrar a chave com o fim de a fazer transportar por uma corrente astral, terá o cuidado de manter na sua forma a essência elemental, até que se realize o transporte. E ao suspender o esforço da sua vontade, essa essência elemental constituirá uma espécie de molde em que fluirão as partículas em via de solidificação, ou antes, em volta do qual elas se reagregarão. E assim se conservará a forma primitiva sempre que o poder de concentração do operador se mantenha firme.

É deste modo que se consegue o transporte quase instantâneo dos objetos de grandes distâncias, nas sessões espíritas, e é evidente que, uma vez desintegrados, passam perfeitamente através de qualquer substância sólida como, por exemplo, uma parede ou uma caixa fechada à chave. De forma que a chamada "passagem da matéria através da matéria" é tão simples de compreender como a passagem da água através de um filtro, ou, como se vê em muitas experiências químicas, a passagem de um gás através de um líquido.

Materialização – Tal como é possível, por uma alteração de vibrações, fazer passar um corpo do estado sólido ao estado etérico, igualmente é possível o inverso. O primeiro processo explica o fenômeno de desintegração, e o segundo o de materialização. Assim como no primeiro caso é necessário um esforço continuado de vontade para evitar que o objeto retome o estado primitivo, também no segundo fenômeno é necessário um esforço contínuo para evitar que a matéria materializada recaia no estado etérico.

Nas materializações espíritas, a matéria necessária ao fenômeno é fornecida pelo duplo etérico do médium, com grave prejuízo à sua saúde e outros inconvenientes ainda mais perigosos. É por isso que a figura materializada se mantém sempre nas proximidades do médium, e está sujeita a uma atração tendente a afastá-la dele para o corpo de onde veio. De sorte que, se permanecer muito tempo longe do médium, a figura esvai-se, e a matéria que a compunha, voltando ao estado etérico, precipita-se instantaneamente para a sua origem.

Em alguns casos não há dúvida de que esta materialização temporária se faz à custa da matéria densa e visível do corpo do médium, transferência de matéria de explicação e de compreensão realmente difíceis. Eu próprio já vi este fenômeno, em condições tais que não me era lícito duvidar, comprovado por uma diminuição considerável de peso do corpo físico do médium. Exemplos semelhantes podem ver-se no trabalho do Coronel Olcott *People from the Olher World* (*Seres de Outro Mundo*) e em *Un Cas de Dématérialisation* (*Um Caso de Desmaterialização*) de M. A. Aksakow. Um exemplo ainda mais notável é dado por Madame d'Esperances, em *Shadowland* (*Terra Sombria*).

Por que a escuridão é necessária – Compreende-se a razão por que os seres que dirigem uma sessão preferem operar na escuridão, ou pelo menos, sob uma luz extremamente tênue. Efetivamente, não teriam o poder suficiente para manter materializada uma figura, ou mesmo "a mão de um espírito", mais do que durante alguns segundos, se estivessem operando sob a ação das vibrações intensas de uma luz brilhante.

Fotografias de espíritos – Os frequentadores das sessões espíritas hão de ter notado que há três espécies de materialização: A primeira: a tangível, mas invisível; a segunda: a visível, mas intangível; a terceira: a tangível e visível. A primeira, que é a mais comum, são as mãos invisíveis, que tantas vezes acariciam os assistentes ou transportam objetos de pequenas dimensões de um lugar para outro da sala e os órgãos vocais que produzem a "voz direta". Neste último caso, emprega-se uma modalidade da matéria que não intercepta, nem reflete a luz, mas é suscetível de despertar na atmosfera vibrações que nos afetam como o som.

Uma variante desta classe é a espécie de materialização parcial que, não podendo refletir nenhuma luz visível, afeta, contudo, os raios ultravioletas e pode sensibilizar uma chapa, dando-nos as chamadas "fotografias de espíritos".

Quando o poder é insuficiente para produzir uma materialização perfeita, obtêm-se formas vaporosas que constituem a classe dos visíveis, mas não tangíveis, e neste caso os "espíritos" previnem sempre os circunstantes de que não devem tocar nas aparições. Quando, o que é mais raro, a materialização é completa, é que a força é suficiente para manter, pelo menos durante instantes, formas que podem ser ao mesmo tempo visíveis e tangíveis.

Se um Adepto ou um discípulo tem necessidade de materializar o seu veículo astral ou mental, não precisa recorrer à matéria do seu duplo etérico, nem ao de ninguém, porque sabe como extrair a matéria de que necessita do éter circundante.

Reduplicação – É outro fenômeno que tem íntimas relações com esta parte do nosso assunto. Resume-se em formar uma imagem mental perfeita do objeto a copiar e a reunir em volta deste molde a matéria astral e física necessárias. Naturalmente, para se chegar a isso, é necessário que todas as partículas interiores e exteriores estejam sempre simultaneamente presentes na mente, o que exige um poder de concentração considerável. Pessoas incapazes de extrair diretamente da matéria do éter circundante têm ido buscá-la muitas vezes no objeto primitivo, que neste caso sofre a diminuição de peso correspondente.

Precipitação – Em muitas obras teosóficas fala-se em precipitação de cartas e de retratos[17], que se pode obter por vários processos. Um Adepto que deseje comunicar-se com alguém, limita-se a colocar diante de si uma folha de papel em branco e formar uma forte imagem mental do que deseja que lá apareça escrito, e depois extrair do éter a matéria necessária com que materializar essa imagem. Ou se o preferir, pode, com a mesma facilidade, obter resultado idêntico sobre uma folha de papel colocada em frente do seu correspondente, seja qual for a distância que os separe.

Um terceiro processo, que por sua simplicidade é o mais usado, consiste em imprimir todo o conteúdo da carta na mente de um discípulo, e deixá-lo fazer o trabalho puramente mecânico de precipitação. O discípulo tomará a folha de papel e imaginando que vê a carta nas mãos do Mestre, procederá à materialização das palavras, tal como se disse. E se achar difícil realizar simultaneamente as duas operações – extração da matéria, do éter e precipitação da escrita – poderá pôr junto dele, em cima da mesa, uma pequena quantidade de tinta ou de pó colorido, que serão de mais fácil emprego, visto estarem já no estado de matéria densa. Um tal poder se tornaria, evidentemente, muitíssimo perigoso nas mãos de uma criatura sem escrúpulos, visto que é tão fácil imitar a caligrafia de um indivíduo como a de outro qualquer, e seria impossível pelos meios comuns descobrir uma falsificação cometida desta forma. Um discípulo que trabalhe definitiva e regularmente com

---

[17] SINNET, A. P. *O Mundo Oculto*, Brasília: Editora Teosófica, 2000. (Nota Ed. Bras.)

um Mestre possui sempre um sinal infalível para reconhecer se uma mensagem vem deste ou não, mas algumas pessoas não têm outras provas além das fornecidas pelo conteúdo da carta e pelo espírito que as anima, porque a caligrafia, por mais parecida que seja, não tem o menor valor como prova.

Quanto à rapidez da precipitação, um discípulo pouco treinado apenas poderia mentalizar algumas palavras por vez, de sorte que levaria o mesmo tempo a mentalizar a carta que se a escrevesse com pena e tinta, mas um indivíduo mais experimentado formaria simultaneamente a imagem de uma página inteira e desempenharia a sua tarefa com grande facilidade e rapidez. É desta maneira que às vezes, numa sessão espírita, se produz uma carta em apenas alguns segundos.

Caso se tratasse da precipitação de um quadro qualquer, o processo seria o mesmo, com a diferença que, neste caso, é necessário um poder de visão que abranja simultaneamente toda a cena. E caso haja a empregar muitas cores, o trabalho complica-se com o acréscimo da sua composição, separação e da reprodução exata dos tons. Evidentemente, num trabalho desta ordem entra a capacidade artística do operador e não se julgue que qualquer habitante do Plano Astral pode igualmente fazer um trabalho perfeito. Um indivíduo que foi um artista na vida terrena, e consequentemente aprendeu como ver e para o que olhar, certamente terá mais sucesso que outro que nunca se dedicou a questões artísticas no Plano Físico, e que viesse, quando no Astral, fazer uma destas precipitações.

Escrita em lousas – A escrita em lousas, executada com garantias que excluíam qualquer ideia de fraude, tem feito a fama de muitos médiuns e pode também ser executada por este processo de precipitação. Mas o método mais seguido consiste em fazer guiar o lápis pela mão de um espírito, da qual estão materializadas apenas as pontas dos dedos, estritamente necessárias para o segurar.

Levitação – A levitação, isto é, suspensão de um corpo no ar, sem qualquer apoio aparente, é muito frequente nas sessões espíritas, e mais ainda entre os iogues orientais. Quando realizada por um médium, o seu corpo é muitas vezes seguro por "mãos de espíritos", mas há um processo mais científico que também é usado no Oriente e ocasionalmente entre nós. Consiste apenas no emprego da faculdade que a ciência oculta descobriu, de neutralizar, e por assim dizer, mudar o sentido da atração da gravidade, o que permite a execução simplicíssima de todos os fenômenos de levitação. Foi sem dúvida o conhecimento deste segredo que permitiu que as naves aéreas do antigo Egito e da Atlântida se elevassem da terra e adquirissem aquela leveza que as tornava facílimas de manejar e dirigir. É provável também que fosse o conhecimento das forças sutis da Natureza o que facilitou o trabalho daqueles que elevaram os enormes blocos de pedra empregados na arquitetura ciclópica ou na construção das majestosas pirâmides do Egito.

Luzes de espíritos – Com o conhecimento das forças da Natureza que os recursos do Plano Astral colocam à disposição de seus habitantes, é facílima a produção das chamadas "luzes de espíritos", quer se trate de uma simples luz fosforescente ou da deslumbrante variedade elétrica, ou ainda desses curiosos glóbulos luminosos, dançantes, em que certas classes de elementais se transformam facilmente. Visto que a luz, seja ela qual for, é o resultado de vibrações do éter, é evidente que quem quer que saiba produzir essas vibrações obtém a espécie de luz que deseja.

Manejo do fogo – É com a ajuda da essência elemental etérica que também se produz esse notável fenômeno de manejar o fogo sem se queimar, embora haja outros meios de o conseguir. Uma camada de éter, por mais sutil que seja, pode ser preparada de maneira a tornar insensível ao calor a mão coberta por ela, não sendo, pois, de admirar que qualquer indivíduo assim protegido possa pegar num carvão ardente ou num ferro ao rubro sem o menor risco. Em adição às forças especiais acima mencionadas, usa-se frequentemente a alavanca comum para produzir fenômenos menores, tais como inclinação de mesas ou batidas sobre elas. Neste caso o fulcro é o corpo do médium e a alavanca uma barra de ectoplasma projetada do corpo.

Transmutação – Temos citado quase todos os fenômenos espíritas, mas além deles há mais um ou, melhor, dois, que, apesar de muitíssimo mais raros, não devem deixar de ser mencionados. A transmutação dos metais é geralmente considerada um puro sonho dos alquimistas da Idade Média, e realmente, na maior parte dos casos, a descrição do fenômeno não passa de um símbolo da purificação da alma. Todavia, parece estar suficientemente provado que o fenômeno foi produzido algumas vezes por eles. E ainda hoje há na Índia feiticeiros que pretendem fazê-lo em condições que seriam concludentes. Seja como for, é evidente que, visto o átomo original ser o mesmo em todas as substâncias, diferindo estas apenas segundo as diferentes combinações desse átomo, quem quer que saiba reduzir um pedaço de metal ao estado atômico e em seguida combinar os átomos de diferentes maneiras, pode, a seu bel-prazer e sem dificuldade maior, proceder quantas transmutações quiser.

Repercussão – O princípio das vibrações simpáticas, já citado, dá-nos a explicação do fenômeno estranho, não muito conhecido, da repercussão, pela qual qualquer ferimento infligido ou qualquer sinal feito na entidade materializada se reproduz no corpo físico. Temos exemplos disso nas provas recolhidas nos processos por feitiçaria da Idade Média, em que se vê que qualquer lesão feita na feitiçaria, quando sob a forma de um cão ou de um lobo, se reproduzia na parte correspondente do seu corpo físico. A mesma estranha lei motivou, por vezes, injustas acusações de fraude a médiuns, quando, por exemplo, se lhes encontrava na mão matéria corante igual àquela com que se tinha esfregado a mão da entidade materializada. A explicação, neste caso, como em muitos outros, é que a "entidade" era apenas o duplo etérico do médium, forçado pelas influências diretoras a tomar uma forma diferente. Na verdade, estas duas partes do corpo físico estão tão intimamente ligadas que é impossível fazer soar numa delas a nota tônica sem despertar na outra as vibrações exatamente correspondentes.

Capítulo V

Conclusão

É de esperar que aqueles dos nossos leitores que acharam a matéria contida neste volume suficientemente interessante, para o lerem até o fim, possam agora fazer uma ideia geral do Plano Astral e das suas possibilidades, que lhes permita compreender e pôr nos respectivos lugares quaisquer fatos que se lhes deparem em leituras subsequentes. Apesar de apenas termos dado um esboço simples demais para tão importante assunto, cremos ter dito o necessário para mostrar a extrema importância da percepção astral no estudo da Biologia, Física, Química, Astronomia, Medicina e História, e o grande impulso que o seu desenvolvimento poderia vir a dar a estas ciências.

Contudo, a aquisição das faculdades astrais não deve considerar-se como o último fim a atingir, visto que tudo o que se tentasse apenas com esse objetivo levaria inevitavelmente ao método do desenvolvimento a que no Oriente se dá o nome de *laukika* – sistema que permite, é certo, a aquisição de algumas forças psíquicas, porém que não passam da personalidade atual. De resto, essa aquisição, feita sem as necessárias precauções e garantias, pode dar lugar a que o principiante venha a fazer delas um emprego abusivo. É o que sucede a todos os que se servem de drogas, da invocação de elementais ou de algumas práticas de *Hatha Yoga.*

O outro método, chamado *lokottara*, consiste no *Raja Yoga*, ou progresso espiritual. Embora este seja um pouco mais lento do que o primeiro, tem a vantagem importantíssima de garantir uma aquisição de poderes psíquicos que ficam para sempre na posse da individualidade permanente, sem que nunca mais se possam perder. E como, neste caso, há sempre a direção acurada de um Mestre, não há receio de que o discípulo abuse dos poderes adquiridos, sempre que cumpra escrupulosamente as ordens recebidas.

A abertura da visão astral deve, portanto, ser considerada como simples etapa no desenvolvimento de qualquer coisa infinitamente mais nobre – um simples passo, um curtíssimo passo, no Grande Caminho Ascensional que conduz a humanidade às alturas sublimes do Adeptado e, mais além ainda, a esses esplendorosos panoramas de poder e de sabedoria, que nossas mentes finitas não podem ainda conceber.

Contudo, que ninguém considere como um dom, um bem sem espinhos, a posse da visão astral, porque a miséria, o mal, a dor e todas as amarguras do mundo se convertem num fardo sempre presente, a ponto de se ter a tentação de repetir a apaixonada abjuração de Schiller: "Por que me lançaste de olhos abertos na terra dos cegos, para lhes proclamar o vosso oráculo? Levai-me de novo esta agudeza de visão, que me ench de tristeza! Tirai-me dos olhos esta luz cruel! Restituí-me a cegueira – as bem-aventuradas trevas dos meus olhos; levai-me, levai-me este dom fatal!"

Talvez não deixe de ser natural este sentimento nas primeiras etapas da Senda; contudo, a visão superior e conhecimentos mais profundos trarão ao estudante a perfeita certeza de que todas as coisas cooperam juntas para o bem final de todos,

De hora em hora,
Qual o desabrochar de uma flor, pois
A verdade e sempre a verdade se revelará;
Pode o sol empalidecer e as estrelas apagarem-se,
Mas a LEI DO BEM permanecerá.
Ela refulge em esplendor e cresce em influência,
Segundo se expande o lento trabalho da Natureza,
desde os minúsculos zoófitos até os SERES excelsos,
Ao longo de milhões e milhões de séculos.

Posfácio da Editora

Ricardo Lindemann, Dr.[18]

Charles Webster Leadbeater (Stockport, 1847 – Perth, 1934) foi um dos maiores clarividentes do Século XX, particularmente pelas evidências apresentadas dentro de uma linguagem científica, através da publicação de seu livro *Occult Chemistry* (*Química Oculta*), em 1908, em coautoria com a Dra. Annie Besant.

Dessa forma, por meio de uma espécie de reinterpretação da Química, Leadbeater sustenta que o mundo dos assim chamados mortos ou Plano Astral contém ou interpenetra o mundo físico dos vivos, pois cada átomo do mundo físico seria constituído da condensação de matéria astral que é mais sutil. O Plano Astral (que ele descreve detalhadamente neste livro) é assim sinônimo do mundo da quarta dimensão ou do que os gregos chamavam de *Hades* (invisível). Portanto, tudo que existe no Plano Físico está contido e tem uma contraparte astral, mas como o Plano Astral tem mais dimensões, existem

---

[18] Doutor em Ciência da Religião pela UFJF, com tese em Filosofia do *Yoga*, Mestre em Filosofia pela UnB, Engenheiro Civil pela UFRGS, Diretor da Editora Teosófica, Ex-Presidente da Sociedade Teosófica no Brasil, Presidente do Sindicato dos Astrólogos de Brasília (SINABRA); e-mail: ricardolindemann@uol.com.br.

muito mais seres e coisas nele que não existem no Plano Físico. O mesmo raciocínio se aplica às dimensões ainda superiores[19], ou seja, o ser humano vive dentro de Deus (por assim dizer, a última dimensão) sem percebê-Lo: "Nele vivemos, e nos movemos e temos o nosso ser" [*Atos* XVII: 28]. O livro *O Plano Mental*, mundo céu ou quinta dimensão é assim uma espécie de continuação dessa obra que trata da quarta dimensão, que se refere, em alguma extensão, mais propriamente ao que popularmente foi conhecido como purgatório, referindo-se a diferentes dimensões ou estágios da vida após a morte. Na verdade, Leadbeater não investiga esses planos apenas como estágios do *post-mortem*, mas também principalmente dimensões mais permanentes que o Plano Físico, e que o interpenetram e influenciam agora enquanto vivemos aqui neste mundo. Tal é o estudo feito em outra de suas obras, *O Lado Oculto das Coisas*, também publicada pela Editora Teosófica.

Uma categoria sublime, entre as diversas de seus habitantes nos Planos Astral e Mental, é a dos Adeptos, Mahatmas ou Mestres e seus discípulos, considerada nos livros supramencionados. Essa é uma categoria tão significativa, perante o propósito da vida e o futuro evolutivo da humanidade, que mereceu especial atenção do autor, e foi tema de um livro

---

[19] Leadbeater reinterpreta os antigos sete *Lokas*, ou mundos da tradição hindu, renomeando-os com nomes ocidentais (LEADBEATER, C.W. *A Gnose Cristã*. Brasília: Teosófica, 2019, p. 46), a saber: *Bhurloka* ou Plano Físico, *Bhuvarloka* ou Plano Astral ou Emocional ou Purgatório, *Svarloka* ou Plano Mental ou Céu, *Maharloka* ou Plano Intuicional, *Janarloka* ou Plano Espiritual ou *Nirvāna*, *Taparloka* ou Plano Monádico, e *Satyaloka* ou Plano Divino. (LINDEMANN, R. & OLIVEIRA, P. *A Tradição-Sabedoria*. Brasília: Teosófica, 2011, p. 41)

próprio, talvez o mais importante e esotérico que Leadbeater tenha escrito, intitulado *Os Mestres e a Senda* (Ed. Teosófica).

A Dra. Besant e o Bispo Leadbeater publicaram sete manuais teosóficos básicos ou introdutórios, alguns dos quais *O Plano Astral* (2022), e *O Plano Mental* (2019b) são livros de Leadbeater em sequência, publicados pela Editora Teosófica. Outros são de autoria de Besant: *Karma e Dharma* (Ed. Teosófica). Oportunamente, outros poderão ser publicados. Outros livros introdutórios de Leadbeater que bem poderiam ser incluídos nesta categoria, embora não tivessem tal designação, chamam-se *Auxiliares Invisíveis* (Ed. Teosófica), e *Clarividência*. Esse último, publicado originalmente em 1899, e mais recentemente pela Editora Teosófica, é um clássico difícil de superar e uma referência para todos os interessados no tema, uma vez que essa faculdade paranormal foi extraordinariamente desenvolvida pelo autor.

Tais temas podem suscitar a investigação sobre o próprio sentido da vida em evolução, pois Leadbeater não considerava a clarividência como um fim em si mesmo, mas como um meio de auxílio altruísta, bem como de pesquisa e evidência da Sabedoria Divina ou Teosofia, como desenvolve em seu artigo "A Atitude Teosófica", que se encontra em sua obra *A Gnose Cristã* (Ed. Teosófica), sobre aspectos esotéricos do Cristianismo. Nesse artigo que ele pretende resumir a Teosofia em três grandes verdades básicas: "que Deus é bom, que o homem é imortal, e que o que ele semear, isso também ele colherá. [...] Para o estudante mediano, essa certeza chega somente como resultado da convicção intelectual de que deve ser assim – que a evidência a favor dela é mais forte do que a oferecida contra ela."[20] Sobra a prova ou evidência a favor dessas verdades espirituais, ele afirma que "existe, e existe em quantidade esmagadora; porém como muito dela depende de evidência clarividente, o homem que desejar examiná-la terá de satisfazer-se considerando a possibilidade da clarividência existir."[21]

O pleno desenvolvimento da clarividência depende, porém, do despertar do poder do fogo serpentino ou *kundalinī* e envolve uma questão moral, como afirma Leadbeater em *Os Chakras* (Ed. Teosófica): "manejá-la sem entendê-la é bem mais perigoso do que seria para uma criança brincar com nitroglicerina. Com é muito verdadeiramente dito em *The Hatha Yoga Pradipika*: 'Ela dá libertação para os iogues e escravidão para os tolos.'[22]"[23] Também costumava citar *Aos Pés do Mestre* (Ed. Teosófica): "Não desejes os poderes psíquicos; eles virão quando o Mestre entender ser melhor para ti possuí-los. Forçá-los muito cedo traz em seu treinamento, frequentemente, muitas perturbações; e seu possuidor muitas vezes é desorientado por enganosos espíritos da Natureza, ou torna-se vaidoso e julga-se isento de cometer erros; em qualquer caso, o tempo e a energia despendidos em adquiri-los poderiam ser utilizados em trabalho para os outros. Eles virão no curso do teu desenvolvimento – eles *têm* de vir; e se o Mestre entender que seria útil para ti possuí-los mais cedo, Ele te ensinará como desenvolvê--los com segurança. Até então, estarás melhor sem eles."[24]

---

[20] LEADBEATER, 2019, p. 256, 260.
[21] *Ibidem*, p. 258-259.
[22] *Hatha Yoga Pradipika, III: 107 apud* LEADBEATER, C.W. *Os Chakras*. Brasília: Editora Teosófica, 2020, p. 100.
[23] LEADBEATER, C.W. *Os Chakras*. Brasília: Editora Teosófica, 2020, p. 100.
[24] KRISHNAMURTI, J. *Aos Pés do Mestre*. Brasília, Ed. Teosófica, 1999. p. 46-7.

O mais recente reconhecimento da comunidade científica à clarividência, talvez o maior de todos os tempos, além da publicação de vários livros a respeito do tema por outros cientistas, foi o artigo[25] do Dr. Jeff Hughes da Universidade de Manchester na revista científica *Physics World,* publicado em setembro de 2003, sobre a obra *Química Oculta* supramencionada, de autoria do Bispo + C.W. Leadbeater e da Dra. Annie Besant, é comentado neste posfácio como uma ampliação desta edição, por meio do artigo que segue juntamente com alguns dados biográficos do autor.

O Nascimento de um Clarividente: Charles Webster Leadbeater [26]

Um dos maiores clarividentes do século XX, Charles Webster Leadbeater, afirmava ter nascido em Stockport, Reino Unido, em 17 de fevereiro de 1847, conforme constava em seu passaporte, mas sua certidão de nascimento menciona outra data: 16 de fevereiro de 1854. Embora seus biógrafos ainda discutam sobre a data do seu nascimento, não há dúvida de que ele faleceu em Perth, Austrália, em 01 de março de 1934.

Talvez se possa trazer alguma luz sobre essa discussão a respeito da data de nascimento do Bispo C. W. Leadbeater, que parece não ter encontrado solução em documentos ofi-

---

[25] HUGHES, Jeff. Occultism and the atom: the curious story of isotopes. *Physics World*, Bristol, UK, p. 31-35, Sep. 2003. [ISSN: 0953-8585]
[26] Artigo de autoria de Ricardo Lindemann, originalmente intitulado "The Birth of a Clairvoyant: Charles Webster Leadbeater", publicado no site http://www.cwlworld.info/O_Nascimento_de_um_Clarividente-_Charles_Webster_Leadbeater_-_v4.3.pdf. Acesso em 12.04.2022.

ciais, a partir da própria Ciência Oculta à qual ele tanto se dedicou em sua vida. Sua singular definição de Ciência Oculta ou Ocultismo é: "o estudo do lado oculto da Natureza [...] em sua totalidade, e não apenas daquela parte mínima que é o objeto da investigação da Ciência Moderna" (LEADBEATER, 2017, p. 22) Blavatsky considera "Ocultismo Prático ou *Rāja-Yoga*" (BLAVATSKY, 2011, p. 95) como sinônimos. Na mesma linha de raciocínio, o Êxtase ou *Samādhi*, estudado no clássico *Yoga-Sūtra* de Patañjali (c. século II a.C.) como culminação da meditação perfeita, é aqui tomado como um meio possível de obter marcas corroborativas do conhecimento externo através da desenvolvimento de poderes psíquicos (*siddhis*).

Dessa forma, um dos *siddhis* ou poderes psíquicos mencionados no *Yoga-Sūtra* é o poder ou faculdade da clarividência aplicada ao mundo dos átomos, ou seja, nas dimensões ínfimas da matéria: "Conhecimento do (que é) pequeno, do (que está) oculto ou distante, (obtém-se) direcionando a luz da faculdade superfísica"[27] (*apud* TAIMNI, 1996, III: 26, p. 252). Este *siddhi* é conhecido, em sânscrito, como *aṇimān*. Patañjali menciona: "Daí a obtenção de *aṇimān* etc., a perfeição do corpo e a não obstrução de suas funções pelos poderes (dos elementos)"[28] (*apud* TAIMNI, 1996, III: 46, p. 275). Ele é obtido pela culminância ou perfeição do processo de Concentração chamado *samyama*[29].

---

[27] "*Pravṛtty-āloka-nyāsāt sūkṣma-vyavahita-viprakṛṣṭa-jñānam*" (PATAÑJALI, 1996, III: 26, p. 252).

[28] "*Tato 'ṇimādi-prādurbhāvaḥ kāya-saṃpat taddharmānabhighātaś ca*" (*apud* TAIMNI, 1996, III: 46, p. 275).

[29] *Samyama* é a soma ou processo total da meditação que, segundo Pa-

Por meio do exercício dessa faculdade de clarividência aplicada ao mundo dos átomos, foram feitas descobertas, publicadas em *Occult Chemistry* (*Química Oculta*), em 1908, por Annie Wood Besant e Charles Webster Leadbeater, as quais são, no mínimo, sem precedentes. Não por acaso, Jeff Hughes, um especialista em história da ciência pela Universidade de Manchester, considerou oportuno escrever um artigo para a renomada revista científica *Physics World* (*Mundo da Física*) sobre tais descobertas, intitulado *Occultism and the Atom: the curious story of isotopes* (HUGHES, 2003) [*O Ocultismo e o Átomo: a curiosa história dos isótopos*].

Dessa forma, Besant e Leadbeater descobriram, antes da ciência, isótopos e outros elementos ainda desconhecidos, pois estes nem constavam da tabela periódica na época, bem como seus respectivos pesos atômicos. Entre eles, por exemplo, o metaneon, que era então um isótopo desconhecido do elemento neon. A descoberta foi publicada em *Occult Chemistry* (1908), oferecendo ao mundo uma das maiores marcas históricas corroborativas da percepção extrassensorial[30] em linguagem cientificamente verificável. Com isso, Besant e Leadbeater ocuparam lugar de destaque entre os maiores clarividentes do século XX, pois demonstraram domínio do *siddhi* clássico denominado *aṇimā*, que possibilita conhecer o que é pequeno ou microscópico (PATAÑJALI *apud* TAIMNI, 1996, YS III: 26, p. 252). Além disso, eles anteciparam, em pelo menos 56 anos, a descoberta de partículas subatô-

---

tañjali, inclui Concentração (*Dhāraṇā*), Contemplação (*Dhyāna*) e Êxtase (*Samādhi*) (PATAÑJALI, *apud* TAIMNI, 1996, III: 4, p. 225).
[30] A percepção extrassensorial também conhecida pela sigla "PES".

micas chamadas *"quarks"*, que ocorreu em 1964, conforme argumentado por Stephen M. Phillips em *Extra-Sensory Perception of Quarks* (1980)[*Percepção Extrassensorial de Quarks*].

H. J. Arnikar, professor emérito de Química na Universidade de Puna, Índia, relembra a História da Ciência na descoberta do deutério (^{2}D), o isótopo pesado do hidrogênio (^{1}H), por Urey, Brickwedde e Murphy, aproximadamente na mesma época, em 1932, e o trítio (^{3}T), seu isótopo radioativo, descoberto por Rutherford em 1934. Arnikar comenta que essa descoberta foi antecipada por Besant e Leadbeater antes de a ciência ter chegado ao conceito de isotopia:

> De fato, o devido crédito tem de ser concedido a Besant e Leadbeater que desembocaram previamente na descoberta dos isótopos, quando eles relataram o Adyarium (^{2}D) e o Occultum (^{3}T), além dos átomos do Neon de duas diferentes massas ^{20}Ne e metaneon ^{22}Ne em 1907, isto é, uns quatro anos antes de *Sir* J. J. Thompson ter relatado duas parábolas para o Neon de massas 20 e 22 em seu trabalho clássico na análise do raio positivo [ou catódico], em 1911, seguido pelo trabalho de Aston e Soddy[31] (ARNIKAR, 2000, p. 71).

Além disso, convém reiterar que Besant e Leadbeater, ao descreverem o átomo de hidrogênio (1895) e, posteriormente,

---

[31] "In fact, due credit must be accorded to Mrs. Besant and Bishop Leadbeater who had pre-empted the discovery of isotopes, when they reported Adyarium (^{2}D) and Occultum (^{3}T) besides neon atoms of two different masses, ^{20}Ne and metaneon ^{22}Ne in 1907, i.e., some four years before Sir J. J. Thomson reported two parables for neon of masses 20 and 22 in his classical work on the positive ray analysis in 1911, followed by the work of Aston and Soddy" (ARNIKAR, 2000, p. 71).

os demais da tabela periódica (1908), anteciparam a descoberta dos *quarks*, pois a ciência moderna somente os teorizou e descobriu a partir de 1964 (PHILLIPS, 1999, p. 27). Os quarks são partículas subatômicas e, portanto, invisíveis para a visão humana normal. Existem seis tipos ou "sabores" de *quarks* (HAWKING, 2016, p. 184, p. 215), como são chamados. Alguns deles constituem os prótons e nêutrons do núcleo atômico dos diversos elementos da tabela periódica, outros são instáveis. Embora mais difícil de demonstrar, porque o tema dos quarks demanda mais conhecimento técnico de Física Moderna do que o dos isótopos, talvez essa descoberta dos quarks, feita por Besant e Leadbeater, seja muito mais surpreendente que a dos isótopos. Srinivasan, Diretor Associado do Grupo de Física do *Bhabha Atomic Research Centre* de Mumbai, Índia, destaca que eles observaram "até o nível de 'quark' e até mesmo 'subquark' [... e] a existência de isótopos de vários elementos muito antes da descoberta científica 'oficial' de isótopos, por Aston, em 1912, usando seu instrumento recém-inventado, o espectrógrafo de massa"[32] (SRINIVASAN, 2002, p. 1).

Arnikar, Phillips e Srinivasan reconhecem de diversas maneiras como as descobertas de Besant e Leadbeater se anteciparam à Ciência Moderna no reino do átomo e das partículas subatômicas. Na verdade, suas descobertas, no próprio âmago da matéria, constituem-se num argumento contra o

---

[32] "[…] down to the 'quark' and even 'sub-quark' level; and that they have also observed, using their extraordinary mental faculties, the existence of isotopes of several elements much before the 'official' scientific discovery of isotopes by Aston in 1912 using his newly invented instrument, the mass spectrograph!" (SRINIVASAN, 2002, p. 1).

materialismo, porque apontam na direção de que as partículas subatômicas do mundo físico são constituídas de partículas mais sutis de outros mundos ou *lokas*. Desta forma, os outros mundos (*lokas*) não estariam em algum outro lugar, mas, por assim dizer, "dentro" do próprio mundo físico.

A Dra. Besant, devido à sua dedicação posterior à política de independência da Índia, teve que renunciar à prática da clarividência a partir de 1913, mas o bispo Leadbeater continuou sua pesquisa sobre átomos até o fim de sua vida.

Leadbeater, dessa forma, por meio de uma espécie de reinterpretação da Química e de suas subpartículas atômicas, sustenta que o mundo dos assim chamados mortos, ou Plano Astral, contém o mundo físico dos vivos, ou o interpenetra. O Plano Astral seria a quarta dimensão[33], que Leadbeater descreve detalhadamente em seu livro *O Plano Astral* (2022). Esse plano corresponderia, em grande parte, ao purgatório dos católicos romanos, particularmente como estágio de purificação prévia para ingresso posterior no céu, que Leadbeater chama de "Plano Mental" em seu livro *O Plano Mental* (LEADBEATER, 2019b). Tal interpenetração fundamenta-se na ideia de que cada átomo do mundo físico seria constituído pela condensação de matéria astral, que é mais sutil. Portanto, tudo que existe no Plano Físico está contido no Plano Astral e tem nele uma contraparte. Mas, como o Plano Astral tem mais dimensões, existem nele muito mais seres e coisas do que no mundo físico. O mesmo raciocínio aplica-se às dimensões superiores.

---

[33] Os gregos chamavam o Plano Astral de Hades ("invisível"), nome do deus e de sua casa que, mitologicamente, corporifica o mundo dos mortos (YESHUA, 2003, v. 5, p. 606).

Assim, Leadbeater reinterpreta os antigos sete *lokas*, ou mundos da tradição hindu, traduzindo-os com nomes ocidentais (LEADBEATER, 2019a, p. 46), a saber: *Bhūrloka*, Plano Físico; *Bhuvarloka*, Plano Astral, Emocional ou Purgatório; *Svarloka*, Plano Mental ou Céu; *Maharloka*, Plano Intuicional; *Janarloka*, Plano Espiritual ou *Nirvāna*; *Taparloka*, Plano Monádico; e *Satyaloka*, Plano Divino, ou seja, sustenta a doutrina da onipresença de Deus.

A ideia da interpenetração dos sete mundos, ou sete planos dimensionais, parece ser um dos ensinamentos teosóficos essenciais, correspondendo aos *lokas* da Filosofia Indiana, conforme menciona Blavatsky em *A Doutrina Secreta* (BLAVASTKY, 1980, v. 6, p. 202).

Como mencionado, Blavatsky relaciona o Ocultismo ou Ciência Oculta como sinônimo de *Rāja-Yoga*, mas também de *Ātma-Vidyā* ou Ciência do Autoconhecimento (BLAVATSKY, 1998, v. 12, p. 488), reconhecendo a eficiência da Astrologia como seu ajudante: "A Alquimia, a Astrologia, a Fisiologia Oculta, a Quiromancia existem na Natureza, [...] *Ātma-Vidyā* inclui todas elas e pode até mesmo usá-las eventualmente, para propósitos benéficos..."(BLAVASTKY, 2011, p. 165 - 167).

Desde os tempos antigos, a Astrologia considerou que, se houver ressonância ou sintonia vibratória, uma estrela distante pode ter um efeito sobre nós, sem nunca nos ter tocado. Esta é a Harmonia Pitagórica das Esferas, como Platão também ensinou:

O fuso girava nos joelhos da Necessidade [o ciclo de Metempsicose e Nêmesis, ou seja, Reencarnação e *Karma*. No cimo de cada um dos círculos [as órbitas dos planetas], andava uma Sereia [como um dedo fazendo um som ao passar sobre a borda de um cálice de cristal] que com ele girava, e que emitia um único som, uma única nota musical [seu frequência natural e singular]; e de todas elas, que eram oito [esferas: as dos sete planetas sagrados e a das estrelas fixas], resultava um acorde de uma única escala [a harmonia das esferas]. (PLATÃO, 2010, *A República*, § 617b, p. 489).

Assim, o mundo não está à deriva, mas precisamos aprender a sintonizar a frequência certa. Esta é a base do princípio hermético da correspondência: "Como em cima, assim embaixo" (BLAVATSKY, 1993, p. 65). Como no Céu, assim é na Terra. A astrologia é toda baseada nestes princípios de correspondência e afinidade vibracional. Ela lê o relógio cósmico e é a ciência do *karma*.

Patañjali trata sobre a Lei do *Karma* ou de causa e efeito e parece, segundo Śaṅkara, relacioná-la à Lei dos Ciclos. Há um certo retardamento até a liberação dos efeitos da Lei do *Karma*, ou seja, um certo tempo é necessário para que se acumulem pensamentos, emoções, ou efeitos da psicossomática, até que seus frutos amadureçam. Assim, Patañjali se refere à lei ou ciclo de movimento das estrelas: "(Aplicando *saṃyama*) à Estrela Polar (obtém-se) conhecimento dos seus (das estrelas) movimentos"[34] (PATAÑJALI *apud* TAIMNI, 1996, III: 29, p. 255). Śaṅkara comenta este *sūtra* afirmando que aquele

---

[34] "*Dhruve tad-gati-jñānam*" (PATAÑJALI, *apud* TAIMNI, 1996, III: 29, p. 255).

que aplica *samyama* [Plena Concentração ou Êxtase] sobre a Estrela Polar (Polaris ou Estrela do Norte):

> [...] apreenderá os movimentos dos astros – como eles convergem e como se separam. Como, neste momento, este planeta se opõe àquele, e como ele passa assim a ser subjugado e então, dessa forma, ele surge novamente – por esses meios, ele passa a conhecer, por exemplo, a boa e a má sorte dos seres vivos[35] (ŚAŃKARA, 2006, p. 335).

É, portanto, evidente que Śaṅkara interpreta Patañjali referindo-se à Astronomia ou Astrologia (que até então ainda não haviam sido separadas), ou seja, como comentei, referia-se ao "[...] estudo ou Ciência [sabedoria oculta] dos astros [...] [ou] da relação entre os fenômenos terrestres e os celestes, incluindo todos os seres nesta Terra, quer essa relação possa ser por influência direta, por sincronicidade ou de qualquer outro tipo" (LINDEMANN, 2020, p. 13). É, pelo menos, um estudo (*logia* em grego), como disse Isaac Newton quando Egmont Halley, o astrônomo que descobriu o famoso cometa que leva seu nome, o questionou sobre os fundamentos da Astrologia. Newton lhe respondeu: "Senhor, eu a tenho estudado; o senhor, não".[36] (THE COMPLETE..., 1975, p. 3)

Śaṅkara, em seu comentário citado acima, refere-se a pelo

---

[35] " "Making saṃyama on the Pole Star, he will apprehend the motions of the stars – how they converge and how they separate. How at this time this planet is opposed by that one, and how it comes thus to be subdued, and then in that way it rises again – by these means he comes to know, for instance, the good and bad fortune of the living beings". (ŚAŃKARA, 2006, p. 335)

[36] "Sir, I have studied it, you have not." (THE COMPLETE..., 1975, p. 3)

menos dois aspectos ou ângulos planetários: a "conjunção", quando duas ou mais estrelas ou planetas "convergem" a zero grau de longitude, e a "oposição", quando "se separam" ou "se opõem" a 180 graus. Esses são os ângulos mais importantes usados na Astrologia por milhares de anos, mas Śaṅkara obviamente não se refere à Astrologia popular. Esses ângulos planetários também foram encontrados por John H. Nelson, engenheiro eletrônico americano e analista de propagação da RCA Communications Inc., em Nova Iorque, como os que mais perturbam a propagação de ondas curtas de rádio na ionosfera (LEWIS, 1997, p. 380). Ele escreveu isso em uma carta para a revista *Omnium Litteraire*, com sede em Paris, em 17 de novembro de 1955:

> Quando eu me engajei nesta pesquisa referente a Perturbações Ionosféricas influenciando ondas curtas de rádio, eu não tinha qualquer ideia de quais ângulos Planetários Heliocêntricos seriam encontrados como ângulos importantes. Pesquisa puramente empírica revelou que ângulos de 0° - 90° - 180° e 270° estavam associados com maus sinais de rádio, e (ângulos de) 60° - 120° - 240° e 300° foram descobertos como estando associados com bons sinais de rádio". (NELSON, 1955 *apud* LINDEMANN, 2020, p. 329)

De fato, Nelson estava corroborando os cinco clássicos ângulos planetários conhecidos como aspectos ptolomaicos ou aspectos maiores (LEWIS, 1997, p. 32), a saber: a Conjunção (0°), o Sextil (60°), a Quadratura (90°), o Trígono (120°) e a Oposição (180°). Nelson afirma:

> Eu nunca estudei Astrologia [...] É puramente por coincidência que minhas descobertas no rádio aparecem para sustentar a hipótese dos Astrólogos que, pelas eras, têm reivindicado que planetas distantes podem ter uma influência sobre os habitantes da Terra. (NELSON, 1955 apud LINDEMANN, 2020, p. 329)

O raciocínio subjacente é simples: se numa oposição de Sol com Lua (Lua Cheia) se elevam as marés, numa oposição heliocêntrica de Júpiter com Saturno, os planetas de maior massa no Sistema Solar, o Sol produzirá protuberâncias (manchas solares), pois seu plasma é muito mais fluídico que os oceanos. As manchas solares têm poderosa ação eletromagnética e influenciam as ondas de rádio, conforme o trabalho de Nelson evidenciou. Se os ângulos dos planetas, do Sol e da Lua podem afetar até as manchas solares e as marés, poderiam igualmente influenciar o ciclo dos hormônios e humores humanos, liberando efeitos de emoções e pensamentos acumulados e relacionados às principais glândulas e seus respectivos plexos nervosos e *cakras [chakras]*.

Stephen Arroyo, que também considera a Astrologia como um caminho de autoconhecimento associado ao *karma* e à transformação, afirma: "Na realidade, a astrologia poderia ser legitimamente chamada 'a ciência do *karma*'"[37] (ARROYO, 1978, p. 27). Besant afirma, igualmente, que "'o *karma* maduro' [...] pode ser esboçado num horóscopo [Mapa As-

---

[37] "Indeed, astrology could legitimately be called a 'science of karma' [...]". (ARROYO, 1992, p. 9)

tral] feito por um astrólogo competente"[38] (BESANT, 2013, p 184). O "*karma* maduro", chamado *prārabdha karma*, no Capítulo 3, corresponde a uma subdivisão do *karma* individual, que Śaṅkara considera como "[...] já contraído numa prévia encarnação" (ŚAṄKARĀCĀRYA, 1992, sl. 454, p. 168). Portanto, ele deve estar delineado já no momento do nascimento atual.

Pode surgir a questão de como se pretende ler esse *karma* maduro no Mapa Astral de Nascimento de um indivíduo ou, por exemplo, sua predisposição para a clarividência. Charles Ernest Owen Carter (1887-1968), ex-presidente da Loja Astrológica da Sociedade Teosófica de Londres, afirma, em sua *Enciclopédia de Astrologia Psicológica*, no verbete "Clarividência", que o aspecto planetário ou ângulo de "Netuno em conjunção com Sol ou Mercúrio parece ser uma indicação comum" (CARTER, 1979, p. 60). Max Heindel (1865-1919), renomado astrólogo e fundador da Fraternidade Rosacruz, também menciona, em sua obra *El Mensaje de las Estrellas* [*A Mensagem das Estrelas*], que os aspectos de Netuno com Mercúrio dão "êxito nas Ciências Ocultas e frequentemente desenvolvem uma faculdade supranormal" (HEINDEL, 1978, p. 158).

---

[38] "All this is 'ripe *karma*', and this can be sketched out in a horoscope cast by a competent astrologer." (BESANT, 1977, p. 287). A palavra "horóscopo" não se referia originalmente a previsões coletivas de "jornal". Hoje usa-se mais o termo Carta Astral Natal, ou simplesmente Mapa Astral, para designar aquela fotografia, por assim dizer, da posição dos astros no céu no horário de nascimento do indivíduo em relação às linhas de latitude e longitude do lugar onde ele nasceu na Terra. (LINDEMANN, 2020, p. 14-15)

Caso se decida investigar qual seria, portanto, o argumento astrológico para escolher entre as duas datas de nascimento que aparecem nos documentos do Bispo Leadbeater, que diferem basicamente em sete anos, bastaria comparar os Mapas Astrais Natais calculados para estas datas. É oportuno utilizar-se, para esta finalidade, o Mapa Astral Natal escolhido e calculado por Alan Leo (1860 –1917) para 17 de fevereiro de 1847, como se encontra em seu livro *Thousand and One Notable Nativities* [Mil e U Nascimentos Notáveis] (LEO, 1917, p. 25, 92, 93), como segue:

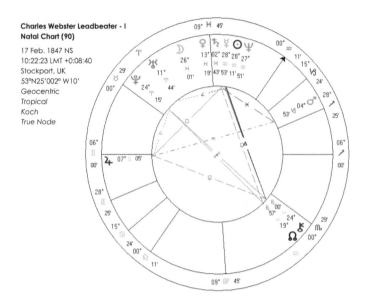

Tomando o mesmo horário de nascimento, o Mapa Astral Natal calculado para a outra data em questão, 16 de fevereiro de 1854, seria:

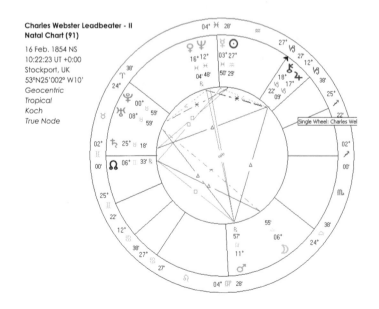

Nesta comparação visual, mesmo um leigo pode observar que a muito rara tríplice conjunção de Sol, Mercúrio e Netuno se encontra muito exata, com dispersão de menos de um grau em 17 de fevereiro de 1847. É oportuno salientar que numa análise de Mapa Astral, um dos pontos mais importantes são os aspectos, que são ângulos medidos entre os astros com vértice na Terra, uma vez que se deseja determinar a influência dos astros sobre nós que vivemos na Terra. O aspecto mais poderoso ou intenso é a conjunção longitudinal ou alinhamento dos astros a zero graus. Uma tolerância de dispersão ou orbe de até 1° é considerada praticamente exata ou muito intensa, e mesmo até 6° ainda é considerada forte.

Uma vez que o planeta Mercúrio tem órbita interna ou é mais próximo do Sol do que a Terra, seus aspectos nunca distam mais do que 30° antes ou depois do Sol. Portanto, estatisticamente, a chance de se ter uma conjunção de 1° entre eles é de 1° em 30° = 0,033333. Como Netuno é um planeta externo, pode girar livremente, a chance de conjunção de 1° com o Sol é de 2° em 360° = 0,005555. A probabilidade de ambos os eventos ocorrerem simultaneamente, como no caso de uma tríplice conjunção de 1° de dispersão máxima (portanto, o grau de ambos os eventos tem de estar no mesmo sentido, o que ainda é de uma chance em duas) entre Sol, Mercúrio e Netuno é de 0,033333 X 0,005555 X 0,5 = 0,000092, ou seja, quase 1 caso em 10.000 ou 0,009259%, o que é semelhante a ganhar na loteria.

Outra maneira de trazer uma amostragem da raridade deste aspecto é verificar a dispersão máxima entre Sol, Mercúrio e Netuno na data de 17 de fevereiro nos anos subsequentes, lembrando que mais de 6° não constitui mais uma tríplice conjunção: Em 1847 => 1°02'; 1848 => 14°42'; 1849 => 12°08'; 1850 => 24°22'; 1851 => 34°29'; 1852 => 30°10'; 1853 => 19°08'; 1854 => 15°19'; ficando evidente que, dentre esses oito anos observados na amostra, a tríplice conjunção somente ocorreu em 1847. Portanto, pelo exposto acima, segundo o argumento astrológico, para que o Revmo. Bispo Charles Webster Leadbeater pudesse realmente ser um grande clarividente, é muito mais provável que ele tenha nascido em 17 de fevereiro de 1847, uma vez que a dispersão da tríplice conjunção de Sol, Mercúrio e Netuno naquela data foi de apenas 1°02' (um grau e dois minutos de arco), ou seja, praticamente exata.

Referências Bibliográficas:

ARNIKAR, H. J. *Essentials of Occult Chemistry and Modern Science.* Chennai (Madras), India: Theosophical Publishing House, 2000.

ARROYO, Stephen. *Astrologia, Karma and Transforma*ção. Lisboa, Portugal: Publicações Europa América, [1978].

____. *Astrology, Karma and Transformation.* Sebastopol, CA, USA: CRCS Publications, 1992.

BESANT, Annie. *A Sabedoria Antiga.* Brasília, Brasil: Teosófica, 2013.

____. *The Ancient Wisdom.* 10th ed. Chennai (Madras), India: Theosophical Publishing House, 1977.

BESANT, A.; LEADBEATER, C. W. *Occult Chemistry.* [1. ed. 1908] 3. ed. Chennai (Madras): Theosophical Publishing House, 1994.

BLAVATSKY, H.P. . *Collected Writings.* v. 12. Wheaton, Ill, USA: Theosophical Publishing House, 1998.

____. *Ocultismo Prático.* Brasília: Teosófica, 2011.

____. *A Doutrina Secreta.* v. 6. São Paulo, Brasil: Pensamento, 1980.

____. *Foundations of Esoteric Philosophy.* Chennai (Madras), India: Theosophical Publishing House, 1993. [*Fundamentos da Filosofia Esotérica.* Brasília, Brasil: Teosófica, 2011.]

____. *Practical Occultism.* Chennai (Madras), India: Theosophical Publishing House, 1987.

CARTER, Charles E.O. *Enciclopedia de Astrología Psicológica.* Buenos Aires, Argentina: Kier, 1979.

HAWKING, Stephen. *O Universo numa Casca de Noz*. Rio de Janeiro: Intrínseca, 2016.

_____. *Uma Breve História do Tempo*: do big bang aos buracos negros. Rio de Janeiro, Brasil: Rocco, 1988.

HEINDEL, Max. *El Mensaje de las Estrellas*. Buenos Aires, Argentina: Kier, 1978.

HUGHES, Jeff. Occultism and the atom: the curious story of isotopes. *Physics World*, v. 16, n. 9, p. 31-35, Sept. 2003.

LEADBEATER, C.W. *A Gnose Cristã*. 3. ed. Brasília: Teosófica, 2019a.

_____. *O Lado Oculto das Coisas*. Brasília, Brasil: Teosófica, 2017.

_____. *O Plano Astral*. Brasília, Brasil: Teosófica, 2022.

_____. *O Plano Mental*. Brasília, Brasil: Teosófica, 2019b.

LEO, Alan. *Thousand and One Notable Nativities*. London, U.K.: L.N. FOWLER & Co., 1917.

LEWIS, James R. *Enciclopédia de Astrologia*. São Paulo, Brasil: Makron Books, 1997. LINDEMANN, Ricardo. *A Ciência da Astrologia e as Escolas de Mistérios*. 4. ed. Brasília, Brazil: Teosófica, 2020.

PHILLIPS, Stephen. *ESP of Quarks and Superstrings*. New Delhi, India: New Age International, 1999.

_____.*Extra-Sensory Perception of Quarks*. Chennai (Madras), India: Theosophical Publishing House, 1980.

PLATÃO. *A República*. Tradução de Maria Helena da Rocha Pereira. 12. ed. Lisboa: Calouste Gulbenkian, 2010.

ŚAŃKARA. *Śaṅkara on the Yoga-Sūtras*. Tradução de Trevor Leggett. New Delhi: Motilal Banarsidass, 2006.

ŚAŃKARĀCĀRYA. *Viveka-Chūḍāmaṇi*: a joia suprema da sabedoria. Trad. Mohini Chatterji e Murillo Nunes de Azevedo. Brasília, Brasil: Teosófica, 1992.

SRINIVASAN, M. *Introduction to 'Occult Chemistry'*. Chennai (Madras), India: Theosophical Publishing House, 2002.

TAIMNI, I. K., PhD. *A Ciência do Yoga*. Brasília: Teosófica, 1996.

THE COMPLETE Planetary Ephemeris for 1950 to 2000 AD. Medford, USA: The Hieratic Publishing Co., 1975.

YESHUA, Ilan (org.). *New Encyclopaedia Britannica*. 15. ed. London: Encyclopaedia Britannica, 2003. 29 v.